RENÉ LE NEPVOU DE CARFORT

CAPITAINE DE VAISSEAU DU CADRE DE RÉSERVE

La Guerre légitime

ESSAI

Sur les bases et la nature du Devoir militaire

BERGER-LEVRAULT, ÉDITEURS

PARIS | NANCY
Rue des Beaux-Arts, 5-7 | Rue des Glacis, 18

1914

La Guerre légitime

Tous droits de reproduction, d'adaptation et de traduction réservés pour tous pays.

RENÉ LE NEPVOU DE CARFORT

CAPITAINE DE VAISSEAU DU CADRE DE RÉSERVE

La Guerre légitime

ESSAI

Sur les bases et la nature du Devoir militaire

BERGER-LEVRAULT, ÉDITEURS

PARIS | NANCY
Rue des Beaux-Arts, 5-7 | Rue des Glacis, 18

1914

INTRODUCTION

Il est généralement admis que la guerre est un fléau. — Cette opinion sert de prétexte à l'antimilitarisme. — La guerre n'est pas un fléau, mais la loi du développement de la vie collective.

« Si tuer est un crime, a dit Victor Hugo, tuer beaucoup n'en peut pas être la circonstance atténuante; si voler est une honte, envahir ne saurait être une gloire. »

Tolstoï a flétri la guerre, au nom de l'Évangile, en opposant les paroles de Jésus à « la grossière imposture appelée patriotisme. » (TOLSTOÏ, *Ma religion*).

D'autres penseurs ont parlé dans le même sens et leurs affirmations ont porté leurs fruits; nous avons pu voir une armée de romanciers, de professeurs et d'hommes politiques, exalter la fraternité humaine et dénoncer « la violence des antagonismes, le fourré des passions et des haines, la forêt épineuse et sauvage où rôdent, depuis des siècles, des bêtes de proie. » (*Chambre des Députés. Séance du 23 janvier 1903. Discours de M. Jaurès.*)

Ces doctrines se sont à tel point répandues qu'il n'est presque plus contesté que la guerre soit immorale, qu'elle soit un obstacle au progrès, qu'elle entrave la marche de l'humanité vers un rêve de vie meilleure, de justice et de paix plus grandes, en un mot, qu'elle soit un fléau. Bien plus, on poursuit la chimère de combattre, de supprimer ce fléau.

Certes, il n'est pas douteux que la guerre a décimé l'espèce humaine et fait plus de victimes que la peste ou la famine, et il importe peu d'ajouter qu'elle est un mal inévitable. Comment se consoler des atrocités qu'elle nécessite, des ruines et des deuils qu'elle accumule, en songeant seulement qu'il les faudra déplorer toujours?

Mais pourquoi s'arrêter dans la voie de ces déductions? Si la guerre est un fléau, il est bien difficile de justifier les gens de guerre, officiers et soldats, de s'en faire les complices. Le philanthrope qui s'est donné la noble mission de combattre, partout, la douleur et la mort peut-il prouver un autre sentiment que l'horreur pour les instruments volontaires de la cruauté, du meurtre et du pillage?

« Les hommes de guerre sont les fléaux du monde ! » s'écrie l'un de ces champions de la paix et il ajoute : « Si les peuples se servaient de leurs armes contre ceux qui les leur ont données pour massacrer, ce jour-là la guerre serait morte. » (Guy de Maupassant, *Sur l'eau*.)

C'est ainsi que les doctrines généreuses qui tendent à remplacer l'antique religion de la violence et de la haine par un idéal, presque divin, de fraternité internationale, séduisent des esprits sincères et, par une pente insensible, les conduisent jusqu'à l'antimilitarisme le plus farouche, celui qui préconise le meurtre des chefs.

Si une telle conclusion paraît monstrueuse, c'est qu'en dépit des autorités dont il se réclame le point de départ du raisonnement est erroné et que la guerre ne mérite pas la réprobation dont elle est l'objet.

Les hommes de guerre sont bien loin d'être des hommes de proie. Adolescent, le futur officier entend, comme les autres, chanter en lui la voix des poètes ; il ressent, comme les autres, la fièvre des inventions merveilleuses ou celle des longs dévouements à la science et à l'humanité, mais son jeune enthousiasme s'en va, de préférence, aux rêves de gloire et d'honneur, d'héroïsme et de combats. Plus tard, il conserve, en général, une grandeur et une délicatesse de sentiments que ne connaissent plus ceux qui, dans une autre voie, ont rencontré les âpres compétitions de la vie publique.

D'autre part, si la guerre n'est qu'un fléau et un désespoir pour les peuples, d'où vient que la foule se presse au passage des armées victorieuses ? Pourquoi ces acclamations ? Quel est le frisson qui la saisit à la vue des étendards, symboles de la patrie vivante, que le vent soulève au-dessus des fronts découverts ? La guerre peut-elle être un fléau pour les nations triomphantes dont elle assure la richesse, le développement et la sécurité ?

Non ; ce que l'on redoute, ce n'est pas la victoire, mais la défaite. C'est aux peuples vaincus que la guerre semble un attentat sacrilège et non plus l'effort viril qui a fondé la paix et qui la maintient. La notion juste de son caractère disparaît aux yeux de ceux qu'elle a blessés. En réalité, la guerre n'est pas un fléau, mais une loi, la loi impitoyable du progrès de la vie collective et, par la sélection des races les meilleures, « l'un des principaux facteurs du développement de l'humanité ». (Émile ZOLA.)

La guerre est *légitime* et, par suite, le devoir de combattre est le premier de tous ; l'uniforme doit être respecté comme le signe par excellence de la vertu civique. En présence de l'avènement des Démocraties et de la société moderne, l'armée ne doit pas être condamnée, à son tour, comme le témoin persistant d'un régime aboli, réduite au rôle de milice policière, et seulement tolérée comme une sauvegarde de la nation. Elle demeure, en même temps que l'indispensable gardien de son indépendance, le guide le plus sûr de ses destinées.

Les doctrines pacifistes se réclament, parfois, de l'individualisme. L'importance exagérée qu'elles attribuent à la personne humaine conduit à cette sensiblerie intellectuelle qui maudit toute effusion du sang et s'indigne des hécatombes guerrières.

Il importe de maintenir, au-dessus du culte de l'individu, celui de la patrie, de la vie *collective* de la nation, et de contredire des paroles dont le germe ne pourrait fructifier que pour une moisson certaine de défaites et de décadence.

Un peuple où s'accréditerait l'opinion que la guerre est immorale, que le soldat, en tuant et se faisant tuer, commet un crime et que les généraux doivent être regardés comme « les fléaux du monde » ou, sans aller si loin, celui qui se contenterait de penser que la guerre est un mal, qu'on doit l'éviter à tout prix, ne tarderait pas à disparaître pour faire place aux nations dédaigneuses de tels scrupules.

Cette éventualité, d'ailleurs, est acceptée par quelques pacifistes sans appréhension. « Le sacrifice d'un peuple, voué en holocauste au Progrès humain, me remplit d'admiration ! » a écrit M. Naquet.

C'est là, sans doute, une exagération qu'il a seul osé formuler ; mais que l'on ne s'y trompe pas ! Les doctrines pacifistes s'appuient sur un idéal de fraternité, de solidarité humaine, qui a toutes les préférences d'un grand nombre de penseurs et d'hommes d'État.

Si l'on veut les combattre, enrayer leurs effets, il ne suffit pas de s'en indigner ; il serait oiseux de déplorer les conséquences de principes secrètement approuvés et ce n'est pas assez de dire que « la guerre n'est pas le plus grand mal. » (ROOSEVELT.) Il faut, résolument, leur opposer un autre idéal, se réclamer d'une autre philosophie, où la guerre apparaisse avec son véritable caractère, et qui, sans méconnaître les droits de la nature humaine, cherche, toutefois, sa justification et son appui dans l'unique accomplissement du Devoir.

La Guerre légitime

CHAPITRE I

LE DEVOIR

L'idée du devoir et les contradictions de la morale. — La loi du devoir est supérieure aux sentiments de l'homme.

L'idée du devoir est générale et nécessaire ; elle assure le calme de la vie et la dignité de la mort en permettant d'envisager, avec sérénité, les sanctions d'un avenir incertain. Elle est admise, à la fois, par les partisans et les adversaires du militarisme. « J'ai fait mon devoir » est une expression qui se retrouve sur toutes les lèvres, et qui sert à justifier les actes les plus divers. Qu'est-ce donc que le devoir ?

L'opinion commune est que le devoir consiste, avant tout, dans la pratique de la morale ; mais lorsqu'on veut formuler la loi, définir le sens et les fins de la morale, on se heurte à des contradictions dont il est malaisé de prendre son parti. Le but de la morale est-il de procurer, à soi et aux autres, la plus grande somme possible de bonheur ? On reconnaît que le bonheur individuel est, souvent, incompatible avec le bonheur universel. Est-il de conduire à la perfection par l'obéissance à un code précis du bien et du mal ? On voit que des actes réputés immoraux deviennent recommandables dans certains cas ; le meurtre, par exemple, est le moins contesté de tous les crimes et, cependant, le soldat qui tue, à la guerre, a conscience de faire son devoir.

Nous voici, dès le début, en présence de cette antinomie fondamentale à laquelle s'est étayé le sophisme des pacifistes, où la raison hésite et dont nous lui demanderions vainement de résoudre la difficulté.

Les philosophes, pour la plupart, se contredisent de la même façon, quand la logique seule intervient pour justifier l'optimisme ou le pessimisme de leurs conclusions. Héraclite et Démocrite, Épicure et Épictète et, de nos jours,

Tolstoï et Nietzsche, nous offrent des exemples, bien connus, de points de vue nettement opposés.

Celui qui, dans la faible mesure de ses forces, entreprend de discerner une loi générale du devoir, et d'y conformer sa conduite, pourra s'affranchir du parti pris de tel ou tel système philosophique ; c'est en lui-même qu'il aura le plus de chances de trouver un guide pratique et sûr. Il interrogera sa conscience et obéira aux suggestions de cette voix secrète à laquelle il se sent porté à sacrifier, parfois, sa passion ou son intérêt.

Mais cette voix, d'où vient-elle ? Et qu'est-ce que la conscience elle-même, sinon la connaissance de soi-même ? Être conscient, c'est se regarder vivre, et se sentir libre d'agir, d'une façon ou d'une autre.

« La conscience signifie hésitation et choix. » (H. BERGSON, *L'Évolution créatrice*). Elle a pris naissance avec l'intelligence et, longtemps, s'est contentée, en quelque sorte, de lui obéir, le choix, entre deux déterminations, n'étant guidé que par l'intérêt immédiat de la personnalité.

Puis, un jour, l'homme se sentit contraint, par une force mystérieuse, de choisir la détermination contraire, de négliger, pour des fins plus hautes, son bonheur et même sa vie, et, ce jour-là, il éprouva une satisfaction intime, d'ordre plus élevé, à faire ainsi ce qu'il appela « son devoir ».

La conscience *psychologique* de ses actes se haussa, pour ainsi dire, jusqu'à la conscience *morale* de leur valeur.

La raison, ni l'intelligence, qui n'a pour but que de favoriser l'évolution par le progrès individuel, ne sauraient connaître cette loi du devoir, qui vient d'une région plus sereine, et plus haute, que celle où s'agitent les sentiments acquis de l'homme. Pour en percevoir un reflet il faut, dans une direction opposée, s'adresser à l'intuition, qui procède des racines antérieures de la vie.

Il existe une loi suprême à laquelle le devoir est d'obéir. — Difficulté de connaître cette loi, qui se manifeste de deux façons contraires.

L'intuition nous montre quelque chose au delà du témoignage de nos sens. L'univers que nous connaissons nous paraît obéir à des lois ; l'antagonisme de ses énergies est maintenu dans un rapport constant, et la vie elle-même semble s'orienter vers une fin lointaine, en vue de laquelle, au cours des siècles, chaque organisme se crée, s'adapte et progresse.

Nous ne comprenons pas, mais nous sentons qu'il y a, dans l'univers, une « volonté de vivre », qui n'est pas seulement une lutte stérile pour la puissance, mais qui provient d'une cause première et qui s'efforce vers un but. Sans doute, nous ignorons l'une et l'autre et nous n'avons conscience que de la durée ; mais si cette cause première existe — et comment en douter ? — l'effet qui s'en manifeste, à chaque instant de la durée, était, en elle, en puissance, comme le devenir s'y trouve aussi.

Et pourtant, dans cet univers ainsi déterminé, l'homme qui pense, lui, se sent libre d'agir et de modifier, à son gré, la finalité des causes antérieures. Cette liberté, il la perçoit comme un état de conscience, comme une volonté semblable à celle du Tout, et comprise en elle, mais comment l'emploierait-il autrement que pour concourir à la manifestation du Tout ?

Comment l'homme libre oserait-il employer la puissance restreinte qu'il se voit entre les mains, d'une façon contraire au processus de la vie universelle, à son évolution harmonieuse et ordonnée ?

L'obligation morale naît du sentiment de la liberté. Libre d'agir, l'homme se demande : Que dois-je faire ? et, s'examinant soi-même, atôme emporté dans le cycle des mondes, force isolée dans l'océan des forces, il se répond aussitôt : Je dois servir, comme toutes les forces, au plan général, concourir au mouvement prescrit, obéir à la cause première et persistante des choses.

Nommez-la, cette cause éternelle, destin ou volonté de Dieu, loi de la Nature ou force de la matière ; supposez-la distincte de l'univers ou faites-en la puissance invisible et le ressort caché, la réponse sera la même : Obéir ! De sorte qu'en retenant, seulement, le sens général et mystérieux du mot *divin* appliqué à tout cet inconnu formidable, d'où la vie émane et où elle retourne, nous pouvons affirmer que le devoir est la libre obéissance à la loi *divine*.

Il consiste, en d'autres termes, à mettre sa conduite en harmonie avec la Raison suprême, mais remarquons que rien ne nous autorise à confondre cette règle avec ce que l'on nomme, habituellement, la morale. Aucun acte n'est moral ou immoral en soi ; il emprunte ce caractère à la loi qu'il viole ou confirme. Le bien est de coopérer au plan de la vie universelle, le mal est de le contrarier. Pour apprécier la valeur d'un acte, il faut le comparer à cette loi divine.

La connaissance du devoir impliquerait, ainsi, celle des fins de l'univers, de l'origine et du sens de la vague de vie qui nous emporte, et la difficulté d'une telle recherche est, à coup sûr, insurmontable. N'est-ce pas là ce que les philosophes de tous les âges ont vainement tenté de découvrir ? N'est-ce pas à l'intelligence de cette loi suprême que, par des voies différentes, la science et la religion s'efforcent de parvenir, inutilement, depuis tant de siècles ? Et, d'ailleurs, cette volonté mystérieuse, cette raison d'être de l'univers, n'est-elle pas, de sa nature, incompréhensible, insaisissable par notre entendement ? Comment en découvrir un signe visible, une trace qui nous indique, en même temps, où se trouve le devoir ?

Notre impuissance est manifeste ; mais il est un fait incontestable qui, peut-être, donne la clé des contradictions apparentes de la morale, un fait que la sagesse antique a placé, dans les textes sacrés, à la base de toutes les religions, que la science confirme et que la conscience voit inscrit en elle-même, c'est que la loi du monde est double, qu'elle se manifeste à nous de deux façons contraires, opposées l'une à l'autre, cherchant toujours à s'équilibrer, sans jamais y parvenir.

Dualité du principe manifesté des choses. — Dualité des forces cosmiques. — Dualité des instincts de l'Homme. — Égoïsme et Altruisme.

« Dans l'univers il faut distinguer deux mouvements opposés, l'un de descente, l'autre de montée. » (H. BERGSON, *L'Évolution créatrice*.)

En principe, la Vie est une, mais l'Être unique, existant en soi, seul, éternellement, resterait à jamais abstrait et inconnaissable ; pour devenir la cause des choses, pour se manifester, il sort de son repos, il agit.

Son action peut se comparer à celle d'une force émanée d'un point central, d'une activité s'irradiant, à l'infini, dans toutes les directions. Or, toute force lancée dans le vide est inconnue, et sommeille, jusqu'au moment où elle rencontre l'obstacle qui transforme en chaleur et en travail son mouvement arrêté.

« L'élan originel de la vie, l'élan vital, se heurte à la résistance de la matière brute. » (H. BERGSON, *L'Évolution créatrice*.)

Pour que la cause première puisse se révéler dans le temps et dans l'espace, il faut que l'obstacle surgisse et que la Lumière soit !

La vie, c'est-à-dire « la conscience lancée à travers la matière » (*Ibid*), se limite, se sacrifie, s'oppose à elle-même et s'enveloppe, en quelque sorte, d'une surface où la multiplicité des formes apparaît. L'unité créatrice se dédouble ; un courant de vie s'établit entre deux pôles, indispensables, l'un et l'autre, à sa manifestation.

Ainsi, la loi suprême contient, nécessairement, deux principes contradictoires, diffusion et attraction, émanation et retour, expansion et sacrifice, et produit l'univers sensible au point précis de l'inflexion, par l'équilibre de ces forces.

L'univers, à son tour, proclame la double loi et en conserve la marque. La gravitation des astres se décompose en forces centrifuges et centripètes. Une énergie émane des soleils et porte la vie sur les planètes, tandis que l'attraction universelle retient celles-ci dans l'orbite, incessamment renouvelée, de leur chute vers les soleils.

L'homme, enfin, ce résumé de notre univers, cet organisme délicat que, depuis des siècles, la nature élabore, reproduit et perfectionne, où la vie terrestre se condense et manifeste sa plus haute expression, où la pensée divine se reflète, l'homme garde, en lui-même, les signes distinctifs de cette pensée ; il est la loi vivante et c'est en lui que nous la voyons gravée. Nous y retrouvons cette dualité mystérieuse de *tendances* opposées, d'abord une force, émanation directe de la cause première, qui pousse l'homme à vivre et à développer sa personnalité, puis le besoin contradictoire de donner, de sacrifier cette vie, de renoncer à cette personnalité, de s'opposer à son principe et de retourner le sens de son activité, afin de concourir à la manifestation du Tout et à ses fins divines.

« Ces instincts sont le témoignage ou la preuve de quelque chose d'autre que nous qui vit et agit en nous. » (F. Brunetière, *L'Idée de patrie*.)

Cette autre chose, cette conscience intime, est notre véritable *moi*, celui qui participe à la vie universelle, qui en perçoit la loi et qui tend à s'y conformer.

Telles sont, en quelques mots, les considérations (1) qui peuvent conduire à la notion du devoir.

---

(1) Ces idées, un peu abstraites, demanderaient un long développement. Nous n'avons pu indiquer, ici, que les traits essentiels d'une doctrine, vieille comme le monde, qui n'a pas de contradicteurs, bien qu'il existe diverses façons de la formuler.

Cette doctrine ne doit pas être confondue avec le *dualisme* de certaines philosophies. Elle concerne l'unique action du λόγος, du Verbe créateur, et sa double manifestation comme esprit et matière, vie et formes, produisant un troisième aspect de la cause première, le *mouvement*.

Deux tendances, ou deux lois, sont en présence. La première est le désir de vivre, mais ce n'est pas assez de constater que l'instinct de la conservation est général ; il faut affirmer que tout être a reçu la vie comme un dépôt qu'il a mission, non seulement de conserver, mais d'étendre et de propager le plus possible. L'*égoïsme*, bien loin d'être contraire au devoir, est le premier et le plus grand de tous les devoirs.

La folie du suicide n'est qu'une perversion de cet instinct, où l'homme détruit sa vie par égoïsme, pour éviter la souffrance ou la honte.

L'homme veut et doit vivre, mais il ne peut s'empêcher de constater que cette volonté est impuissante et que son effort est vain. Quoi qu'il fasse, il mourra, et la vie individuelle ne saurait être le but, la fin dernière à laquelle il doit coopérer. Il ne tarde pas à découvrir, en lui, la loi seconde, l'autre face du devoir, la force contraire qui le sollicite, l'attraction qui le ramène au centre, qui le pousse à transmettre cette vie à d'autres êtres, à se sacrifier pour eux et, par eux, à chercher la vie collective et durable, la loi d'amour à laquelle la philosophie moderne a donné le nom d'*altruisme*.

L'altruisme se manifeste, chez les animaux, pour assurer la continuité de l'espèce. — Il développe les facultés morales de l'homme. — La suppression de l'égoïsme entraînerait le retour à l'animalité. — La suppression de l'altruisme aboutirait à la disparition de l'humanité.

A tous les degrés de la vie animale, l'instinct de la conservation a pour complément et pour correctif l'instinct de la reproduction, qui assure la continuité de l'espèce. L'animal obéit, d'abord, à son désir de vivre; toutes ses facultés sont tendues vers un seul but, chercher sa nourriture, développer sa vie; mais, bientôt, un autre désir, un attrait irrésistible, le saisit et lui impose l'union des sexes.

Dès qu'il l'a ressenti, il semble qu'en lui quelque chose ait dévié, pris un autre sens; sa vie propre n'est plus l'objet unique de son activité, la satisfaction de ses appétits n'est plus son seul instinct. Une force inconnue oblige l'insecte à se sacrifier pour sa progéniture, avant même qu'elle soit éclose, à mourir aussitôt qu'il a déposé ses œufs dans un milieu favorable.

Lorsqu'il s'est reproduit, l'animal change, en quelque sorte, de caractère; c'est pour ses petits, maintenant, qu'il s'inquiète et qu'il combat (1).

Le point d'arrêt et d'inversion de l'énergie vitale est ainsi marqué par la naissance d'êtres nouveaux, qui détournent, à leur profit, l'élan originel, et, de suite, apparaît l'antagonisme des deux tendances, égoïsme et altruisme, qui ne cesseront plus de présider, ensemble, à la transmission de la vie et à son accroissement.

Les instincts altruistes de l'animal sont peu développés et ne dépassent pas beaucoup l'acte reproducteur; ils se bornent à l'amour des jeunes et sont, toujours, de courte durée; l'égoïsme domine, en lui, presque exclusivement, car le combat pour la vie doit assurer le progrès matériel des organes et l'amélioration des races.

Chez l'homme, que la sélection a déjà perfectionné, l'altruisme a une tendance, de plus en plus marquée, à développer, à leur tour, les facultés morales de l'individu. Ce n'est plus seulement sa descendance immédiate que l'homme affectionne et protège; c'est une plus grande famille qui sollicite son dévouement. Il se sent

---

(1) « Cet amour, où quelques-uns ont vu le grand mystère de la vie, nous en livrerait peut-être le secret. Il nous montre chaque génération penchée sur celle qui la suivra. » (H. BERGSON, *L'Évolution créatrice*).

solidaire de tous les êtres ; il veut être utile à l'humanité.

Remarquons, toutefois, que non seulement l'homme ne saurait oublier la loi première de l'égoïsme, et s'en affranchir, mais encore que celle-ci doit toujours prédominer.

« Les actes qui rendent possible la continuation de la vie doivent s'imposer avant les actes que la vie rend possibles. » (Herbert SPENCER, *La Morale évolutionniste.*)

Ceux qui professent la religion exclusive de l'altruisme, maudissent tout ce qui fait obstacle à l'avènement de l'égalité sociale et de la fraternité ; pour montrer leur erreur, supposons, un instant, leur rêve accompli.

L'homme a vaincu le désir et terrassé l'égoïsme ; il n'est plus qu'un numéro dans la société, un frère dans la communauté. Il ne possède que sa part de la propriété commune et il n'aspire plus qu'au bonheur commun. Mais en quoi consiste ce bonheur universel ? Qu'est devenue cette humanité où l'altruisme a triomphé d'une façon définitive ?

Le règne absolu de l'amour, de la paix et de la bonté, suppose que le principe de l'activité s'est détourné de son objet primitif, qui était l'âpre développement de la vie individuelle ; le sacrifice étant devenu la règle générale, aucun avantage particulier n'est plus retenu, de longue date, que pour se perdre aussitôt dans la masse confuse et immobile de l'humanité. Incapable d'égoïsme, l'homme ne cherche plus à s'élever au-dessus de ses semblables ; il ne voit que les misères à secourir, les faibles, les dégénérés, à maintenir et à protéger ; la sélection a cessé, depuis longtemps, d'assurer le progrès physique de l'espèce et, dans l'ordre intellectuel, l'imagination et la volonté, à force de se replier sur elles-mêmes, se sont atrophiées.

Pour satisfaire aux besoins d'une humanité sans cesse accrue, chacun doit fournir sa part de travail manuel et régulier ; la philosophie, l'art et la science, qui ne pouvaient être cultivés que grâce aux loisirs, procurés à une élite par le travail du plus grand nombre, ont progressivement disparu ; la rêverie a pris fin et le flambeau de la pensée s'est éteint. Que fait donc cette foule uniforme, aux heures de repos ? Elle mange et se multiplie ; toute fonction plus haute risquerait de blesser l'égalité et la fraternité parfaites qui se sont établies entre les individus. Mais l'individualité, elle-même, a cessé de marquer une différence entre les hommes. A l'exemple des sociétés d'insectes, l'humanité s'est hypnotisée, en quelque sorte, dans une « impasse » de l'évolution ; elle n'est plus qu'un vil troupeau, un bétail.

D'autre part, la prédominance exclusive de l'égoïsme, le développement de la vie individuelle, de la volonté et de l'énergie uniquement poursuivi, et la suppression de l'altruisme, auraient des conséquences tout aussi désastreuses.

L'avènement des surhommes de Nietzsche suppose, dans l'esprit de ce philosophe, l'existence d'un type différent et inférieur d'humanité, d'une caste d'hommes moyens, à laquelle il a pris soin de laisser l'illusion de l'altruisme. Le surhumain lui-même, issu de cette classe moyenne, conserve des sentiments altruistes jusqu'au moment où il se sent assez fort pour s'en affranchir, et s'affirmer comme une personnalité indépendante de toute morale. Mais, pour compléter cette fiction, supposons que l'altruisme ait disparu ou, plutôt, que la séparation des deux instincts soit absolue et qu'il n'y ait plus en présence que deux humanités, l'une réalisant toute l'énergie vitale, incarnant toute la « volonté de puissance », l'autre ayant perdu tout désir de vivre, après avoir renié tout égoïsme.

Cette dernière ne peut pas rester une classe

moyenne; elle ne tarde pas, comme nous l'avons vu, à se réduire à la condition de « bêtes de troupeau », d'esclaves incapables désormais de produire le surhomme; elle s'annihile, elle disparaît, bientôt, en retournant à l'animalité.

De son côté, le surhomme est un lutteur qui aspire à s'élever sans cesse; aucune égalité n'est possible entre ses congénères et lui; il ignore la paix; toute faiblesse lui est interdite; il méprise l'amour, base de tout altruisme.

Dans une société qui exclut l'amour, il n'est plus de place pour l'épouse ni pour la mère. « La mère représente l'altruisme d'une façon convaincante. » (NIETZSCHE, *La Volonté de puissance*.)

La race de ces demi-dieux de proie est stérile par définition. Une guerre acharnée a permis au plus redoutable d'entre eux de triompher enfin, de conquérir la toute-puissance, mais non l'immortalité. Solitaire et magnifique, le dernier surhomme vieillit et meurt; l'humanité a vécu.

L'égoïsme et l'altruisme doivent coexister. — *La douleur et la mort sont les agents de l'évolution.*

Il faut donc admettre que l'égoïsme et l'altruisme sont inséparables dans l'homme, qu'ils doivent se manifester, progresser ensemble et se prêter un mutuel appui. L'égoïsme n'est pas, nécessairement, le mal qu'il faut combattre, il est le devoir antérieur, et primordial, émané directement de la cause première, l'impulsion originelle de la vie qui, par un perpétuel afflux, assure l'évolution continue de la forme.

L'altruisme, à son tour, ne se confond pas toujours avec la vertu ; il est, parfois, pernicieux et contraire à la loi inexorable qui régit l'univers.

Le véritable surhomme est celui qui utilise toutes ses puissances, aussi bien celles de l'amour et du sacrifice que celles du combat et de la volonté, qui veut le progrès de la vie par l'antagonisme et l'action des forces qui la produisent.

Les deux tendances inverses sont nécessaires, mais leur équilibre parfait serait l'immobilité.

Pour produire le mouvement et la vie, il faut que l'égoïsme prédomine et déclanche, en quelque sorte, les énergies accumulées, dans la mesure exacte de son action.

Au fond, les deux principes contradictoires sont identiques et leur direction, seule, diffère ; chacun d'eux nécessite l'autre.

Qu'est-ce, en effet, que l'égoïsme, sinon la loi de toute création, entraînant un sacrifice parallèle, la conquête du bonheur, infligeant un mal proportionnel ? Ne rien détruire équivaudrait à ne rien créer ; la suppression de toute souffrance impliquerait le renoncement à toute joie ; l'un et l'autre seraient la négation même de la vie.

La loi veut que tout être meure, après s'être reproduit ; que la vie abandonne l'organisme qui a manifesté ses énergies et que l'impulsion originelle change de sens.

Le point d'inflexion de la courbe est marqué par la transmission de la vie à d'autres êtres, en qui la forme se reproduit et se perfectionne.

Le sacrifice de la forme première s'accompagne de la douleur, qui n'est que le signe et le commencement du retour, le rappel à la loi seconde, rendant possible à d'autres l'action de vivre et de progresser. Elle n'est pas une anomalie et c'est mal la connaître que d'y voir un châtiment; l'ombre et la souffrance sont nécessaires à la manifestation de la lumière et de la joie; la douleur et la mort permettent, seules, à la vie de parcourir, en grandissant, l'échelle des êtres; elles sont, à proprement parler, les agents impératifs de l'évolution, que l'humanité ne saurait encore effectuer volontairement et avec joie.

On peut prétendre, sans doute, que l'idée de la souffrance n'a pas de valeur absolue, pas plus que celles du désordre ou du néant; qu'elle ne représente qu'un degré de la sensation, relatif à l'imperfection de l'être; et il est bien vrai de dire que le but de la philosophie est de mettre fin à la souffrance, en élevant l'homme plus haut. Toutefois, l'être imparfaitement évolué doit sentir l'aiguillon nécessaire de la douleur.

Cette fonction mystérieuse a été pressentie à tous les âges; c'est elle que consacraient les sacrifices, agréables aux dieux, des peuples primitifs.

Mais le devoir n'est pas, seulement, de subir la douleur et d'accepter la mort; il est aussi de vivre et d'infliger, par suite, inéluctablement, la mort et la douleur.

Le devoir est de se conformer aux desseins de la loi suprême.
Le devoir intégral s'appelle le devoir militaire.

Pour apprécier la valeur morale d'un acte, il faut, avons-nous dit, le comparer à la loi divine, et nous constatons que cette loi suprême, quelle qu'en soit l'essence, se manifeste à nous de deux façons contraires et, toutes les deux, légitimes. Il en résulte que le même acte peut être, tour à tour, moral et immoral, licite et défendu, selon le but, égoïste ou altruiste, qu'il se propose.

Tous les codes de morale sont destinés à imposer l'altruisme; mais l'égoïsme naturel, pour n'être pas codifié, n'en demeure pas moins la loi première. Tuer, même beaucoup, est un acte légitime, quand cette loi primordiale du combat pour la vie le commande, et toute la question consiste à déterminer les circonstances où elle doit être appliquée, et celles où l'on doit pratiquer la loi seconde.

Le devoir est de suivre l'une ou l'autre règle, dans la mesure exacte où chacune d'elles paraît conforme aux desseins de la loi suprême.

La vie individuelle doit être, d'abord, égoïste,

car une force supérieure à notre volonté l'a produite et l'exalte, mais elle doit, ensuite, se sacrifier, car elle est éphémère et ne saurait être l'unique but poursuivi par la Nature. « Aucune révolution ne soustraira l'homme à l'obligation de se sacrifier pour les fins de l'univers. » (E. RENAN, *Le Prêtre de Nemi.*)

Aucune d'elles ne permettra, non plus, de poursuivre ces fins mystérieuses, sans leur sacrifier des vies humaines.

Quelle peut être cette fin de l'univers, que l'évolution prépare et modifie sans cesse ?

« Il y a là plus, et mieux, qu'un plan qui se réalise. » (H. BERGSON, *L'Évolution créatrice.*)

L'évolution semble avoir pour but de libérer l'esprit de la matière, de délivrer la Vie des formes où elle se fragmente à l'infini, de réaliser le retour à l'unité de la vie complète.

La Vie une et parfaite, en se manifestant, en se représentant dans le miroir de l'univers, se voit, nécessairement, contraire à elle-même et dispersée. La loi première est une diffusion, une différenciation, puis, sous l'action de la loi seconde, les parcelles de vie éparses se cherchent et s'unissent, les vies individuelles tendent à se rassembler, à former des familles, des groupements sociaux, des nations, à devenir cette vie collective, et durable, qui s'alimente et progresse par le développement, puis le sacrifice, des énergies particulières.

La vie collective, à son tour, doit être égoïste pour se développer, mais elle ne saurait se sacrifier car, en elle, se reconstitue l'unité originelle de la Vie ; elle doit persister parce qu'elle est la fin véritable, la partie visible et seule connue, actuellement, du plan cosmique.

Le devoir intégral consiste à accomplir la double loi inscrite, à la fois, dans le principe de toutes choses, dans l'univers et dans l'homme ; il consiste à développer la vie individuelle puis à dire un *oui !* viril à la souffrance et à la mort pour en faire sortir le progrès de la vie rassemblée, et ne voyez-vous pas que c'est là, justement, le devoir *militaire ?*

Défendre et amplifier la vie collective, lui sacrifier sa vie personnelle après l'avoir exaltée, pratiquer l'altruisme envers la nation et l'égoïsme en son nom, n'est-ce pas concilier les tendances contradictoires de l'instinct, résumer les deux faces de la loi divine, n'est-ce pas là, véritablement, la plus haute expression du devoir ?

Nous placerons donc l'origine et le droit du devoir de combattre, dans cette dualité de principes contraires que l'on retrouve dans toutes les religions comme dans tous les systèmes.

Nous en trouverons la légitimité, pour la nation, dans la prédominance nécessaire, et manifestée par la guerre, de l'élan vital, de l'action, de l'égoïsme, cause véritable du Progrès humain.

Ce dernier n'est que la création continuée, à la fois, par le perfectionnement des facultés individuelles et le développement de la vie collective.

Le Progrès, comme toute création, exige un effort et un sacrifice.

« La guerre est le lot de l'humanité. » (Von der Goltz, *La Nation armée*.) Un désir puissant entraîne cette humanité vers la vie, le bonheur et la paix, mais elle ne peut atteindre son idéal que par la guerre, la souffrance et la mort. Chaque pas qui l'en rapproche est fait dans la douleur, ou marqué dans le sang.

CHAPITRE II

LA GUERRE ET LA PAIX

La vie s'alimente par la destruction. — La guerre assure le progrès des organes, développe les facultés de l'homme primitif, nécessite l'organisation sociale, fait naître le commerce et les arts.

Deux lois, comme nous l'avons vu, sont en présence ; leur antagonisme et leur équilibre assurent le développement et la transmission de la vie.

La loi première est celle de l'égoïsme ; comment s'exerce-t-elle ? Il faut vivre d'abord ; quels sont les actes nécessaires, et partant légitimes, que tout être doit accomplir pour conserver et augmenter sa vie ?

L'observateur le moins attentif peut constater que la vie ne se perpétue qu'au détriment d'autres existences ; qu'elle n'est faite, en réalité, que de morts. La nature crée en détruisant ; toute vie s'alimente et continue par la suppression et l'assimilation d'autres vies.

Sur les plans inférieurs du monde physique, cette loi fonctionne obscurément et d'une façon, en quelque sorte, automatique. Elle s'affirme plus clairement à mesure que l'on s'élève davantage sur l'échelle des êtres, puis elle ne tarde pas à devenir la règle apparente et le moyen de leur développement.

Le brin d'herbe aspire et transforme les sucs nourriciers de la terre ; la plante s'engraisse du fumier, où gisent les détritus d'autres organismes, et l'animal, en broutant, détruit, par milliers, les vies des plantes. Le poisson dévore les poissons plus petits ; l'oiselet poursuit l'insecte et fuit l'oiseau de proie ; le carnassier se rue sur l'herbivore.

Plus l'animal progresse, plus ses moyens d'attaque et de défense se perfectionnent. Pour découvrir, au loin, sa victime, l'œil de l'aigle s'affine et perce la nue ; les muscles du tigre se durcissent, et ses ongles s'aiguisent, pour lui permettre de bondir plus sûrement et de saisir sa proie. Partout, la loi du plus fort assure la continuité de la vie et le progrès des organes.

Mais voici l'animal debout et regardant le ciel, doué de raison, digne de servir d'habitacle à la pensée; le combat pour la vie va-t-il cesser d'être légitime et nécessaire? Loin de là. Nous voyons l'homme primitif soutenir une lutte terrible contre les animaux et, pendant de longs siècles, y faire servir, en les développant, toutes ses facultés. Nous le voyons façonner l'épieu, bander l'arc, tailler la pierre, aiguiser le fer. Les armes qu'il a forgées pour sa défense font naître bientôt, en lui, d'autres idées; il les transforme en outils et, les retournant contre le sol, les emploie à labourer son champ, à construire sa demeure; la terre se couvre de moissons, l'homme sort des cavernes.

Sa volonté grandit; son imagination s'éveille. Il chasse, à son tour, les animaux dont la peau doit le vêtir et la chair apaiser sa faim; puis, le soir, à l'heure où les étoiles s'allument, il peut, enfin, jouir de la sécurité qu'il doit à sa force et à son adresse, et prêter l'oreille aux flûtes invisibles du printemps.

Plus tard, l'homme s'est multiplié et, sans trêve, un nouvel ennemi l'assaille, plus redoutable que les animaux qu'il a vaincus. C'est l'homme d'une autre race, d'une autre couleur, d'un autre langage, accouru d'un lointain désert et que tentent la fertilité de ses plaines, l'abondance de ses troupeaux ou la beauté de ses filles. Contre l'envahisseur un plus puissant effort est nécessaire, il faut imaginer des armes plus sûres, tramer des ruses plus savantes, s'unir, nommer des chefs et concerter des plans ; l'organisation sociale apparaît comme une nécessité de la guerre à prévoir.

Puis, le vainqueur affermit sa prédominance et lève, sur les vaincus, un tribut qui vient augmenter son bien-être. Bientôt, lui-même se trouve à l'étroit ; une force d'expansion le pousse aux conquêtes ; il monte à cheval et va chercher, dans d'autres territoires, un nouvel aliment à son activité. Aux peuples qu'il soumet, il impose l'échange des fruits de sa terre et des produits de son industrie ; le commerce est né.

Mais la richesse s'accroît. Des villes se fondent, que protègent des murailles et que défendent des guerriers ; la paix règne à l'ombre des créneaux, où les savants méditent et les artistes rêvent. Une noble concurrence s'établit entre les cités et, si les intérêts se heurtent, si les conflits éclatent, la guerre, seule, assure le progrès en permettant aux plus avancés parmi les hommes, aux *meilleurs*, de faire triompher leurs idées et de répandre au loin le surplus de leur énergie. Les légions romaines portent, ainsi, la civilisation jusqu'aux confins les plus reculés du monde connu.

Enfin, voici l'homme moderne, héritier des efforts de tous ceux qui l'ont précédé, élevé par le combat des ancêtres et prêt à s'élancer encore sur une voie toujours ouverte. Devrons-nous maudire l'impulsion féconde, la loi d'égoïsme et de vie qui l'a contraint à parcourir cette longue carrière et, de l'habitant des forêts sauvages, a fait le lettré d'aujourd'hui, croire, en dépit de ces résultats, que la guerre est impie et doit être regardée comme un fléau?

Est-ce donc là « l'horrible énigme » dont parle Joseph de Maistre?

Ce philosophe a vu, dans l'irrésistible penchant qui pousse tous les êtres à combattre, une marque certaine que la guerre est voulue et directement suscitée par la Providence.

Certes, nous pensons, comme lui, que la guerre est *divine*, en ce sens qu'elle est une loi du monde; mais, loin d'y découvrir une fureur inexplicable, inspirée, par un Dieu vengeur, pour faire des hommes les ministres aveugles de sa colère, nous saluons en elle, au contraire, la loi véritable du progrès humain!

Action parallèle de la loi contraire. — Premières associations. — La paix intérieure est fondée sur la morale altruiste. — Jésus n'a pas condamné toute guerre et toute violence.

Pour comprendre le mécanisme de la loi du combat, et en apprécier le rôle comme il convient, il importe de ne pas séparer son action de celle de la loi contraire de l'altruisme, qui se manifeste dès l'origine, grandit sur les traces de son aînée, et, par une réaction nécessaire, fait fructifier, pendant la paix, les germes semés par la guerre.

Déjà l'instinct de la reproduction, et le sentiment obscur de l'assistance due aux jeunes, avaient rassemblé, en troupeaux, certaines espèces animales ; les hommes primitifs obéirent eux-mêmes à cet instinct ; de leurs familles agrandies, ils formèrent des tribus nombreuses où, délivré du souci d'assurer la sécurité matérielle de sa vie, l'individu trouva les conditions favorables à son perfectionnement.

Les premiers législateurs furent les chefs de ces tribus, les patriarches qui, comprenant tous les avantages de l'union pour le travail et pour la lutte, entreprirent d'organiser ces sociétés naissantes, en édictant des règles de conduite applicables aux rapports mutuels de ceux qui les composaient.

Il n'était aucun besoin de proclamer la loi de la guerre, de l'égoïsme et du combat pour la vie qui, seule, avait régné jusqu'alors et s'imposait à tous ; les premiers codes furent des lois intérieures uniquement fondées sur l'altruisme, et dont les prescriptions durent se formuler dans un sens nouveau, contraire à l'usage, préciser l'obligation, pour l'individu, de sacrifier une part de ses instincts au bien de la communauté.

Lorsque Moïse descendit du Sinaï, il grava, sur les tables de la Loi, des règles de morale applicables aux seules tribus juives. « Tu ne tueras pas ! » ne pouvait concerner les autres peuples, les Chananéens dont il promettait le territoire, les habitants de Jéricho qui tous, dit l'Écriture, furent passés au fil de l'épée.

Le caractère exclusif des premiers commandements, placés à la base de toute morale, ne contredit pas l'opinion de ceux qui considèrent ces données fondamentales comme émanées d'une source surnaturelle et voient, dans les premiers instructeurs de l'humanité, des êtres supérieurs, inspirés par la Sagesse divine. Que cette morale ait été lentement élaborée par les hommes et soit le fruit de leur expérience, ou qu'elle ait été révélée par des prophètes, il n'est pas moins certain qu'elle concernait, exclusivement, ceux qui pouvaient comprendre les paroles des Maîtres, les compagnons de même race et de même langage, et qu'elle avait pour unique but de fonder la paix intérieure des premières associations.

Lorsqu'en face de l'Empire romain, à l'heure où s'établit la domination universelle des Césars, Jésus vint proposer au monde ses enseignements, il voulut, sans doute, rappeler à l'homme la loi de l'altruisme, détourner ses pas, l'orienter vers un idéal nouveau, contraire à la loi ancienne, mais destiné, seulement, à en équilibrer la force implicite et nécessaire.

Tolstoï a, certainement, mal interprété ses paroles : « Aimez-vous les uns les autres ! La paix soit avec vous ! (1) »

Cette paix, voulue par le Christ, est celle que le soldat emporte, avec lui, sur les champs de bataille.

La morale chrétienne se manifesta, d'abord, comme une réaction contre l'égoïsme triomphant

---

(1) L'on ne peut pas, non plus, trouver une condamnation de la guerre dans cette autre parole de Jésus : « Celui qui frappe avec l'épée périra par l'épée ! » Elle signifie, seulement, que le soldat doit s'attendre à la mort du soldat.

du vieux monde; elle s'établit par la douceur, elle vécut malgré la force; puis l'Église, à son tour, ayant conquis la force, dut s'en servir pour imposer sa loi. Les nations modernes ont hérité, à la fois, de cette morale et de la loi ancienne; elles sont nées de leur antagonisme et de leur équilibre.

L'égoïsme règle seul les rapports entre les nations. — La paix entre les nations n'est pas fondée sur la morale. — Elle n'est qu'une trêve entre les guerres. — Elle conduit à la guerre.

La morale commence, et se développe, au sein des groupements sociaux que la guerre a fondés et qu'elle maintient. Ces associations, dont toutes les parties sont solidaires, en assignant aux uns la tâche de combattre, procurent aux autres, avec la sécurité, le loisir de pratiquer l'altruisme ; mais l'égoïsme continue à régner en maître sur leurs frontières. La concurrence vitale, après s'être exercée, légitimement, entre les individus, s'exerce avec un droit égal entre les nations ; dans l'état actuel de l'évolution humaine, la nation est l'organisme dont la vie importe.

Comme la vie des organismes inférieurs, la vie de la nation s'alimente par la destruction et l'assimilation d'autres vies ; la guerre seule, au début, lui permet de se constituer et l'empêche de se dissoudre. Les premières agglomérations s'unissent, d'abord, lorsqu'elles ont à soutenir une lutte commune ou à se concerter pour la conquête ; la guerre les soude entre elles et, de la gloire pareille, du sang versé pour la même cause, cimente une association plus vaste, un « centre de force » plus complet et supérieur, qui prend conscience du devoir de vivre et de s'affirmer.

Dans ce but, tout lui devient, tout reste, plutôt, légitime, les ruses des diplomates, les mensonges des hommes d'État, les violences des hommes de guerre. Quand leur salut ou leur intérêt sont en jeu, les nations se retrouvent en présence comme les hommes primitifs au sein de la forêt sauvage.

Les nations voisines ont consenti, sans doute, à se lier par un contrat rudimentaire, présage de nouvelles et lointaines associations. Elles ont convenu, par exemple, de ne prendre les armes qu'après s'en être avisées mutuellement et, jusque-là, la paix règne entre elles, mais non pas une paix semblable à cette paix intérieure fondée sur la morale et conforme aux lois de l'altruisme. Il ne serait pas juste qu'une nation se dévouât, sacrifiât son existence, ou seulement ses intérêts, à l'une de ses rivales. Les rapports internationaux ont pour base l'égoïsme ; ce sont, presque exclusivement, des relations commerciales, et la guerre n'est qu'une forme de cette concurrence économique, la plus décisive, la dernière.

« Une guerre entreprise dans le seul but de détruire, d'exterminer, est chose inimaginable aujourd'hui. » (Von der Goltz, *La Nation armée*.) Les différends qui surgissent ne sont même plus, toujours, réglés par la guerre; la diplomatie s'emploie à les éviter, elle essaie de concilier les intérêts, de suppléer à la violence et c'est, seulement, lorsqu'ont échoué tous ses efforts, quand la nation se trouve acculée aux nécessités vitales, qu'elle se lève pour la guerre, se réclame à nouveau de la loi primordiale, et retrouve la hache des ancêtres.

Néanmoins, la paix entre les nations ne doit être considérée que comme une trêve entre les guerres; elle repose sur les traités conclus après la dernière victoire, et dure jusqu'au conflit qu'elle prépare. Entre la guerre passée et la guerre future, une période de paix s'intercale, d'autant plus féconde, pour un peuple, que la guerre précédente lui a permis d'affirmer, davantage, sa « volonté de puissance ». La paix victorieuse est noble et fertile, mais celle qui suit une défaite acceptée est démoralisante.

« Une nation est un animal de gloire; elle se repaît de gloire; elle en vit. Une nation vaincue n'existe qu'à demi. » (E. RENAN, *Le Prêtre de Nemi.*) Elle porte une blessure par où s'échappent son honneur et sa force, et, s'il n'est pas consacré à préparer de nouvelles gloires, son repos n'est qu'un sommeil, avant-coureur de la mort.

Une paix trop longue produit le relâchement des mœurs, la décadence des arts, l'abaissement des caractères, indices certains d'un ralentissement de l'énergie vitale de la nation. D'autre part, les relations commerciales plus étendues, le développement des voies de communication, la rivalité des tarifs douaniers, la surproduction des marchandises, les conflits de toute nature qui naissent de l'accroissement des richesses, ont pour résultat inévitable de conduire à la guerre; le soin de préparer la guerre future apparaît comme le complément indispensable des travaux de la paix.

Le but de la guerre est de fonder la paix, et la paix conduit, nécessairement, à la guerre.

Les horreurs de la guerre sont inhérentes à la nature humaine. — La guerre entre les nations se transforme, mais reste la loi de leur développement. — Sa disparition entraînerait, actuellement, le retour à la barbarie.

Il faut déplorer les horreurs de la guerre, sans oublier qu'elles sont, en quelque sorte, inhérentes à la nature humaine. Une bête féroce sommeille en nous, prompte à se réveiller; il est difficile de la tenir en laisse et de limiter l'emploi de la force aux moyens strictement utiles pour atteindre le but de la guerre; la Justice, elle-même, fait des victimes.

L'humanité frémit encore des atrocités commises par les barbares, et, de nos jours, la barbarie a reparu dans les armées nombreuses où gronde la colère de tout un peuple; mais il fut un temps où la guerre s'humanisait. Les luttes chevaleresques du Moyen Age mettaient aux prises des adversaires épris de loyauté, d'honneur et de courtoisie. Nous reverrons la guerre s'adoucir quand les masses auront compris la grandeur et la dignité du devoir militaire.

Déjà la guerre entre les nations se transforme. S'il est vrai que le progrès tend à rendre les armes plus meurtrières, il n'en faut pas moins constater que cette intensité de destruction, elle-même, évoque, parallèlement, le noble désir de remédier, autant que possible, à sa cruelle nécessité.

De nouvelles conventions s'ébauchent, organisant les secours aux blessés, interdisant l'usage de certaines armes ou proposant de respecter la vie et les biens des non-belligérants. Les peuples s'indignent des massacres inutiles, et les gouvernements cherchent, plus volontiers, à soumettre leurs différends à l'arbitrage.

Et, pourtant, la guerre future reste, pour toute nation, la loi nécessaire et le facteur inéluctable de son développement ou de sa décadence.

Si, par un prodige inespéré, vous supprimiez la guerre et les armées, ne croyez pas que les instincts de l'homme s'en trouveraient abolis; la bête enchaînée par la discipline, et contenue par le devoir, serait seulement remise en liberté. La foule s'amuserait, d'abord, aux jeux du cirque, à tous les sports difficiles où elle trompe son incurable amour du sang et du danger; bientôt, les intérêts contraires, à l'intérieur du pays, s'organiseraient, de nouveau, pour la lutte; les syndicats et les comités reproduiraient la pâle image des groupements nationaux; des partis se retrouveraient en présence, prêts à se déchirer avec une rage d'autant plus grande que leurs griefs seraient plus voisins, leurs querelles mieux définies.

Que sont les horreurs de la guerre entre nations auprès de celles de la guerre civile? Qui pourrait oublier les jours où le peuple de Paris, ivre d'une fureur que l'on n'avait pas su utiliser contre l'étranger, offrait le saisissant spectacle de forfaits qu'une armée victorieuse n'avait pas osé commettre? Pacifistes, gardez votre pitié pour les victimes de ces barbaries sacrilèges; adressez vos imprécations aux fauteurs de ces discordes où, vraiment, revivent la terreur et la férocité des premiers âges.

Si toute chance d'un conflit futur était écartée pour un peuple, l'intérêt commun, ayant disparu, laisserait aux prises les intérêts particuliers. Vous verriez les provinces se soulever l'une contre l'autre, l'antagonisme reparaître entre gens du Nord, de l'Ouest et du Midi, les dissensions politiques et religieuses renaître des cendres du passé, les cités rivaliser de grèves et d'utopies. Vous retrouveriez en présence les intérêts de clocher, de clan, de famille; il vous faudrait refaire, en sens inverse, le chemin si laborieusement parcouru par l'humanité, perdre ce qu'elle a conquis au prix de tant d'efforts et de sang, et, au lieu du progrès rêvé, d'une marche en avant vers une civilisation plus haute, retourner, en arrière, vers la barbarie des temps primitifs de la race.

La guerre et la paix sont dépendantes l'une de l'autre. — La guerre ne disparaîtra qu'après avoir établi l'unité des races humaines.

La guerre et la paix nous paraissent, donc, indissolublement dépendantes l'une de l'autre ; elles sont les manifestations égales, et contraires, de la double loi qui préside au développement des nations et régit leur rapports mutuels.

La loi primordiale de l'égoïsme, du combat pour la vie, de la guerre, assure l'évolution de l'individu, puis celle de la nation, en provoquant et exaltant les efforts nécessaires au maintien de la vie et de l'indépendance ; les effets parallèles de l'altruisme complètent la loi du progrès humain par le développement des idées de paix, d'association, de solidarité.

L'équilibre de ces deux forces est le fondement naturel de la patrie, dont la forme actuelle est destinée à progresser encore par leur action.

La guerre ne disparaîtra que lorsqu'elle aura fait son œuvre. Il lui reste à consolider les nationalités modernes, puis à les rassembler par-dessus les frontières, en effaçant les différences de mœurs, d'origine et de langage qui les séparent, à en faire ces patries continentales de l'avenir qu'il est permis d'entrevoir et de désirer; plus tard, encore, à mettre aux prises, amalgamer, surexciter pour le progrès, les races blanches, noires et jaunes des divers continents.

D'ici là, peut-être, de nouvelles conquêtes de la science auront changé la face du globe; d'autres cultes, une compréhension plus large de l'idée religieuse, auront, parallèlement, transformé la famille humaine, en la rapprochant de cette unité que l'on peut envisager comme le terme lointain de son effort, et qui rendra seule, enfin, la guerre inutile.

Mais cet avenir échappe à nos prévisions. Il serait dangereux d'appliquer les rêves qu'il suggère à la patrie actuelle, fille d'un long passé, dont nous avons le devoir de maintenir l'indépendance, et d'assurer les destinées par la guerre.

CHAPITRE III

LA PATRIE

Le culte des ancêtres et du foyer paternel. — La famille antique. — L'idée de patrie se confondit, au début, avec l'idée religieuse.

La guerre a cimenté les premières associations au sein desquelles l'idée de patrie a pris naissance.

Les sentiments de l'homme primitif furent limités, d'abord, à l'amour du père pour ses enfants, des frères les uns pour les autres, des fils pour leur père, c'est-à-dire à la famille. Puis, l'amour filial, grandissant, survécut à la mort du père, garda la mémoire de ses hauts faits, en fit bientôt un héros, un dieu.

Le culte des ancêtres fut la première religion de l'homme ; ses premiers temples furent les tombeaux où, croyait-il, l'âme des aïeux continuait à vivre, exigeant encore des offrandes et des sacrifices. C'est devant ces tombeaux qu'il répandit les libations et célébra les repas funèbres destinés à vénérer et apaiser les mânes de ses pères ; c'est auprès d'eux qu'il établit sa demeure, et qu'il dressa l'autel où sa piété voulut entretenir le feu sacré, symbole de la persistance de leur souvenir.

Ce foyer devint, lui-même, un dieu propre à chaque famille, et chaque foyer protégea les siens. Sous les noms d'*Agni* ou de *Vesta*, il fut adoré par tous les peuples de race aryenne. (FUSTEL DE COULANGES, *La Cité antique*.)

L'idée de patrie se confond, à l'origine, avec cette première religion. Elle unit, dans le même culte, le sol qui contient les dépouilles des ancêtres, *terra patria*, et le souvenir de leurs exploits, les traditions qui constituent la religion domestique, le champ dont les dieux Termes marquent la limite inviolable, et le père de famille, à la fois chef militaire, juge et prêtre, qui veille seul à l'entretien du feu sacré et préside aux sacrifices.

L'humanité primitive se compose d'une série de familles distinctes, groupées autour de leurs pénates.

Puis, les familles de même race sentent la nécessité de l'alliance contre l'ennemi commun et, du lointain ancêtre, du héros *éponyme*, du dieu de la *gens* romaine, font le nouveau lien religieux d'un groupement plus vaste; nous voyons se former, ainsi, les curies, les phratries et les tribus qui, toutes, ont leur autel, indépendant des divinités familiales.

Plus tard, les idées de l'homme s'élevant jusqu'aux dieux de la nature, c'est encore le culte de ces dieux supérieurs qui devient la raison d'être d'une nouvelle étape, d'une forme plus haute de l'idée de patrie.

Les cités antiques, Babylone, Abydos, Memphis, sont des centres religieux, des sanctuaires de Baal ou d'Osiris. Les douze tribus d'Israël restent groupées en un seul peuple par le culte du Dieu d'Abraham et de Jacob, qu'elles adorent à Jérusalem. Athènes, Sparte, Rome, se constituent, grandissent, autour d'un temple de Minerve ou de Jupiter. Partout, la fusion des éléments divers qui s'y rencontrent n'est rendue possible que par les sacrifices aux mêmes dieux, et l'accroissement de la cité s'arrête où cesse l'obligation d'un culte commun.

Ainsi, la patrie a pris naissance au pied des autels, et les guerriers primitifs suspendirent leurs boucliers aux portes des temples. Le patriotisme se confondit, au début, avec la religion qui traçait à l'homme ses premiers devoirs, à l'intérieur le culte des ancêtres, celui des dieux qui lui semblaient des ancêtres plus éloignés, la piété envers les parents et la solidarité entre concitoyens ; à l'extérieur, la défiance et la haine des étrangers, le courage indomptable dans les combats, l'héroïsme, qui élevait le guerrier mort au rang des dieux de la cité.

*La cité romaine. — Conception municipale de l'idée de patrie.
Le christianisme et l'invasion des barbares.*

Entre les cités antiques la guerre était sans merci ; le vainqueur s'arrogeait le droit d'exterminer tous les mâles, d'emmener toutes les femmes en esclavage, de détruire les habitations, les moissons, les autels même du vaincu. C'est ainsi que Rome établit son empire sur le Latium ; aucune fusion n'étant plus possible entre les villes rivales et leurs dieux, le progrès de la patrie dut s'accomplir par l'anéantissement des plus faibles. Rome fit le désert autour d'elle, puis de nouvelles générations habitèrent ce désert et y trouvèrent, pendant des siècles, la sécurité et la paix.

La conquête romaine, en s'étendant plus loin, se modifia nécessairement, se fit moins absolue et moins terrible, sans marquer, toutefois, l'avènement d'une forme différente de la patrie. Elle ne fut jamais que l'établissement, par la victoire ou par la ruse, de la domination universelle d'une cité.

Toutefois, au moment où leur vol s'étendit

sur tout l'ancien monde, les aigles romaines ne symbolisaient plus, seulement, les dieux du Capitole ; une transformation s'était opérée ; avec le triomphe de la plèbe, un culte nouveau s'était introduit dans la cité, celui des institutions. Après avoir été familiale et religieuse, l'idée de patrie était devenue municipale ; l'emblème que les légions romaines exaltèrent, et l'empire qu'elles imposèrent, furent ceux du Sénat et du peuple (1).

Il fallut le christianisme et l'invasion des barbares pour élever l'idée de patrie au-dessus de cette conception. La religion nouvelle cessa d'être le culte particulier d'une famille, d'une tribu, d'une ville, et proposa à tous les hommes l'adoration d'un Dieu unique, indépendant de l'humanité. Elle établit des règles de conduite différentes, d'une nature inconnue jusque-là et supérieure. Au lieu de montrer un ennemi dans tout étranger à la famille, elle commanda d'y voir un frère ; au lieu de la crainte des dieux et de la loi du talion, elle institua l'amour de Dieu et celui du prochain.

Ces croyances permirent une extension consi-

---

(1) On sait que les enseignes de la légion romaine portaient les quatre lettres S. P. Q. R., initiales de la formule *Senatus populus que romanus.*

dérable de l'idée d'association. Quand les hordes barbares, accourues des plateaux de l'Asie Centrale ou des forêts de la Germanie, poussées par l'instinct irrésistible de la vie débordante, se ruèrent sur le vieux monde, elles virent se dresser devant elles la Croix de miséricorde, le signe du pardon et du sacrifice, et l'adorèrent.

Du choc des deux lois directrices de l'humanité et de leur équilibre, de la diffusion des idées de paix morale du christianisme, en face de la guerre farouche à soutenir, jaillit une lumière plus grande ; la vie collective s'élargit, fut mieux comprise et mieux défendue ; l'homme fit un pas en avant sur la voie du progrès, et l'on vit bientôt s'affirmer, par la guerre, une conception nouvelle, et plus haute, de la patrie.

Fondement historique de la patrie française. — Les Gaulois. L'invasion romaine. — Vercingétorix. — Les invasions des Francs. — Clovis. — Charlemagne.

Lorsqu'on examine, en particulier, comment s'est créée la patrie française, on constate que c'est à la faveur de violents conflits, entre races diverses, que l'idée nationale a pris naissance, a grandi, s'est fortifiée.

Au temps des Gaulois, le territoire qui s'étend des Pyrénées à l'Escaut ne comprenait pas moins de soixante peuples distincts (FUSTEL DE COULANGES, *La Gaule romaine*). Aucun lien n'existait encore entre Bretons, Allobroges, Arvernes, etc.; les invasions successives des Romains, des Francs, des Sarrasins, et dix siècles de guerre, furent nécessaires pour réunir, en un seul faisceau, ces éléments divers.

Les Gaulois, menacés dans leur sécurité par les Helvètes et les Suètes, demandent l'appui du proconsul romain d'Aquitaine ; César défait Arioviste et refoule les bandes germaines au delà du Rhin. Débarrassés de leur ennemi, les Gaulois retiennent César et ses légions, et chaque peuple s'en sert, tour à tour, pour combattre ses rivaux.

Les Arvernes, et leur chef Vercingétorix, sont d'abord les alliés de César ; mais, quand les Gaulois se sentent conquis par Rome, leurs rivalités se taisent un moment. Vercingétorix, révolté contre l'envahisseur, symbolise, pour tous, la résistance à l'étranger. Sous le menace du danger commun s'éveille, ainsi, le premier désir d'union nationale.

Vercingétorix vaincu, la Gaule devient romaine ; de petites troupes de centurions, que conduit un chef, *magister militum*, restent campées, pendant des siècles, en différents points du territoire, protégeant l'infiltration des idées et de la langue latines qui vont servir de premier lien entre les peuples.

L'invasion des Francs succède à l'occupation des Romains et vient modifier encore, et amalgamer par la guerre, les éléments de la patrie future.

En 481, Clovis règne à Tournai, en même temps que Ragnachaire à Cambrai, Sigebert à Cologne, Rignomer au Mans, Chararic ailleurs ; mais Clovis établit sa domination sur les autres chefs par ses victoires. Il lutte, d'abord, contre Syagrius, *magister militum* à Soissons, le défait et s'empare de sa capitale ; puis il triomphe des Burgondes et des Visigoths.

Clovis n'est pas l'ennemi de Rome; il n'est pas non plus l'ennemi des évêques, qui sont les véritables chefs du peuple gallo-romain; bien plus, il devient chrétien lui-même et se fait sacrer roi par saint Remi. En même temps, l'empereur Anastase lui envoie le diplôme du consulat.

Manifestement, une ébauche de vie nationale se dessine avec le vainqueur, mais combien faible encore et peu précise! Lui-même n'en a pas conscience. La grande ombre de l'Empire romain disparu couvre le monde; c'est par lui que l'on règne; lui seul, encore, est la patrie. Clovis et ses successeurs reconnaissent, implicitement, au-dessus d'eux, l'empereur de Constantinople.

La monarchie carolingienne marque un nouvel effort d'unification politique, né, cette fois encore, sous la menace de l'invasion, que Charles-Martel a fait surgir et qu'il a cimenté du sang des Sarrasins.

La puissance de Charlemagne s'établit, à son tour, par les guerres nombreuses qu'il soutient contre les Lombards, les Saxons, les Normands, les Arabes. Il est le triomphe de la Chrétienté, de la morale, par le glaive. Tandis qu'il guerroie contre les infidèles, la paix règne à l'intérieur de ses États; les arts sont cultivés; des écoles se fondent. Mais Charlemagne ne représente pas encore la patrie actuelle ; il règne sur la Germanie, sur l'Italie, autant que sur la Gaule. Quand, à Rome, il ose placer sur son front le diadème, il entend refaire l'Empire d'occident, se croit l'héritier des Césars.

La forme romaine de la patrie ne saurait revivre. L'indépendance des peuples nouveaux s'en accommode mal, et le vaste empire de Charlemagne se démembre au lendemain de sa mort.

Commencements de la patrie territoriale actuelle. — *Les seigneurs et les patrimoines féodaux.* — *La patrie provinciale.*

C'est alors que la conception moderne de la patrie, telle que nous la comprenons, commence à prendre corps ; elle se dégage de l'évolution de la famille et de celle du droit de propriété qui en est la conséquence.

Dans l'antiquité, la puissance paternelle était absolue ; toutes les familles étaient égales entre elles et les fils héritaient seuls de leur père, à l'exclusion des filles.

Au Moyen Age, l'organisme premier des associations s'est transformé et le *seigneur* a remplacé le chef de famille. Le régime féodal, qui résulte de ses droits sur le sol, nous apparaît comme le commencement véritable de la patrie territoriale actuelle.

Pour résister au choc des Sarrasins, Charles-Martel s'était vu forcé de s'attacher, par le lien de la vassalité, le plus grand nombre possible d'hommes libres et de leur fournir, en leur distribuant des terres, les moyens de lui prêter l'onéreux service à cheval.

Après Charles le Chauve, l'Empire en décadence se morcelle en royaumes qui se divisent, eux-mêmes, en provinces, gouvernées par les grands vassaux. Ceux-ci distribuent, à leur tour, à d'autres vassaux, en échange de leur « foy et hommage », c'est-à-dire du service militaire, des terres qui ne sont d'abord cédées qu'en usufruit, ne sont, au début, que des bénéfices, mais ne tardent pas à se transformer en fiefs héréditaires.

Incapable de repousser les invasions des Normands, le pouvoir central est annihilé. Le peuple choisit pour chefs ceux qui le défendent et, partout, des châteaux forts sortent de terre. Le petit propriétaire se « recommande » au seigneur voisin et lui engage sa terre.

L'autorité royale descend, des grands vassaux, aux simples nobles ; ceux-ci possèdent, même, le droit de justice.

Le fief appartient au seigneur « corps et biens », sous la seule réserve de l'hommage, et des aides, qu'il doit au suzerain dont il a reçu l'investiture ; mais le seigneur est celui qui tient l'épée, le chevalier armé pour la défense du sol.

Ainsi la nation prend racine, s'incorpore à la terre, et le droit de propriété se fonde sur la nécessité du combat.

Partout, au lieu des familles égales de l'antiquité et de leurs patrimoines distincts, s'étend un réseau de seigneuries dépendantes les unes des autres, juxtaposées et superposées comme les mailles d'un tissu. Le patrimoine féodal, aussitôt formé, se divise de nouveau en « apanages »; puis les guerres de succession, le jeu des alliances, rassemblent et soudent, de nouveau, tous ces morceaux du sol national.

Les filles ne sont plus exclues de l'héritage et, souvent, la dernière héritière d'une maison apporte en dot au seigneur un appoint considérable de fiefs, de rentes et de droits féodaux.

Les grands vassaux ont cessé de dépendre, effectivement, de la couronne. Chacun d'eux est un souverain qui tient ses droits de ses ancêtres, de qui les seigneurs tiennent « prochement » leurs fiefs. La France est divisée en provinces ayant leurs coutumes, leur langage et leurs armées distincts et correspondant, à peu près, aux territoires occupés par les différents peuples de l'ancienne Gaule; mais un grand changement s'est fait. Bretons, Normands, Flamands, Bourguignons, Romains de Nîmes et Grecs de Marseille, échappés à l'autorité lointaine du Roi, se sentent rattachés, par un lien plus voisin et plus fort, à leurs compatriotes de même race. La terre qui les nourrit vivants et qui, morts, les recevra dans son sein, cette terre qu'ils cultivent et qu'ils défendent, qu'ils connaissent et qu'ils aiment, s'incarne, pour eux, dans la personne du seigneur, puis, au-dessus de lui, dans celle du Comte ou du Duc qui a la charge de protéger ses franchises et son indépendance.

Pendant des siècles, la province restera la vraie, la seule patrie.

L'unité religieuse qui s'est établie, de longue date, entre les provinces en prépare, toutefois, l'union politique. Les croisades réunissent, dans la même gloire et les mêmes dangers, les chevaliers de Flandre et de Bretagne, de Provence et de Lorraine, que guide, un jour, vers la Terre sainte, l'étendard fleurdelisé du roi saint Louis.

Par les croisades, le pouvoir central renaît et s'affirme ; en même temps, ces guerres lointaines ouvrent au commerce les ports du Levant et enrichissent la nation.

La guerre de Cent ans. — Du Guesclin. — Jeanne d'Arc. — Progrès de l'unité nationale que réalise la royauté. — Le Roi devient l'incarnation de la patrie.

Au début de la guerre de Cent ans, l'idée d'un patriotisme général est encore indécise. La Bourgogne, par exemple, ne semble pas savoir où est la France, si elle est avec le roi de Bourges, si faible, ou avec le roi d'Angleterre, si puissant, qui a du sang normand dans les veines et des droits sur plusieurs provinces.

Deux siècles et demi s'étaient écoulés depuis la conquête de l'Angleterre. Les Normands, mélangés aux Saxons, étaient devenus des étrangers qui, toutefois, possédaient encore une partie des terres du continent. Édouard III réclamait jusqu'à la couronne de France.

Quand la guerre éclate entre Philippe VI et son rival, celui-ci triomphe, d'abord, à Crécy et à Poitiers; les Anglais envahissent le territoire et s'y maintiennent; un grand nombre de seigneurs prennent parti pour eux.

Néanmoins, le sentiment national, si long à germer, s'éveille en présence de l'ennemi commun; l'invasion nouvelle rassemble, cette fois, les fils, mieux reconnus, d'une France plus homogène.

Cette guerre de Cent ans se révèle comme le fécond et prodigieux travail d'enfantement de la patrie actuelle, poursuivi, à grands coups d'épée, par les bons chevaliers du royaume. Un cadet de Bretagne, Bertrand du Guesclin, devient connétable de France, et enrôle sous sa bannière tous les hommes d'armes qui s'engagent à servir « sous le roy nostre sire en ces présentes guerres » (*Formule des montres militaires de du Guesclin*). Une première fois, les Anglais sont chassés du territoire.

Après le désastre d'Azincourt et le traité de Troyes, tout semble perdu de nouveau; les Anglais sont maîtres de Paris; le puissant duc de Bourgogne est leur allié et l'infortuné Charles VII doute, lui-même, de sa naissance et de ses droits; mais la réaction ne se fait pas attendre. Jeanne d'Arc paraît, provoque et résume un nouvel effort, en faveur de la patrie commune, qui sera l'effort décisif; elle est le verbe irrésistible d'une idée parvenue à maturité, qui triomphe par elle et lui survit. En 1431, Jeanne est vaincue, prise, brûlée. Le martyre qu'elle subit consacre la grandeur de sa mission, lui donne l'auréole du sacrifice, et l'idée qu'elle incarnait subsiste ; l'unité de la patrie française est fondée.

Ce n'est pas seulement l'indépendance du territoire qui s'affirme ; c'est l'orgueil des mêmes triomphes, l'émotion des mêmes défaites, l'histoire commune d'un passé glorieux ou douloureux dont tous sont solidaires. L'armée, victorieuse à Formigny, est, pour la première fois peut-être, une armée française, noblesse et francs archers des paroisses, où la nation se reconnaît.

L'œuvre créatrice de la féodalité est maintenant accomplie. Après avoir divisé les fiefs à l'infini, elle a rendu possible l'union des domaines par celle des personnes en qui s'est incarnée la propriété du sol. Marie de Bourgogne, Anne de Bretagne, sont des provinces vivantes, et que l'on épouse.

La royauté poursuit la tâche en absorbant les droits féodaux ; l'unité française grandit avec les progrès de la maison de France ; le Roi devient le dernier duc des provinces qui, toutes, sont rattachées à la couronne, par guerre ou par alliance. La fusion pacifique n'est, d'ailleurs, que la consécration et le dernier trait de l'œuvre commencée sur les champs de bataille ; quand la duchesse Anne apporte en dot, au roi de France, l'antique patrie bretonne, elle ne fait que ratifier le vœu des peuples et l'accord établi entre les compagnons d'armes du Connétable et de la Pucelle.

Un moment, l'unité française semble mise en péril par la perte de l'unité religieuse. La Réforme jette la discorde entre des peuples qui commençaient à se fondre et à s'appeler du même nom; la France n'existe plus pour les ligueurs, qui réclament l'appui des Espagnols, ou pour les fanatiques de La Rochelle, dont tout l'espoir de résistance se fonde sur le concours de la flotte anglaise. Mais, enfin, le parti catholique l'emporte, et l'unité de la nation s'établit avec Louis XIV. Cette unité, cimentée par les victoires du Roi-Soleil, assure l'éclosion pacifique d'une floraison incomparable de poètes, d'artistes et de philosophes.

Au dix-huitième siècle, le Roi peut dire, avec vérité : « L'État, c'est moi »; il réalise l'union territoriale des provinces, étant à la fois duc de Bretagne et duc de Bourgogne, duc d'Anjou, comte de Provence et duc de Normandie. Il est, vraiment, la patrie elle-même, « la France », suivant une expression familière et célèbre.

C'est là, d'ailleurs, ce qui justifie l'amour du peuple, et la fidélité que la noblesse regarde comme le premier de ses devoirs. Dans la personne du Roi, peuple et gentilshommes vénèrent le vivant symbole de la patrie. Pour tous ceux qui conservent les traditions et l'esprit des vieux âges, la royauté, malgré ses prodigalités ou sa faiblesse, reste une chose sacrée, dont le culte s'associe à celui de la divinité, se rattache aux lointaines transformations du culte des ancêtres.

La Révolution n'est possible que lorsque le pays a perdu cette notion ; mais, en combattant l'insurrection dirigée contre le Roi, c'est encore pour la patrie, que luttent les émigrés de l'armée de Coblentz, ou les héroïques et derniers défenseurs de la monarchie, fusillés à Quiberon.

D'autre part, la résistance à l'étranger légitime et provoque une évolution nouvelle de l'idée de patrie. Avec l'émancipation du peuple, celle-ci se transforme, une fois de plus ; elle cesse de s'attacher, exclusivement, à la propriété du sol, et de s'incarner dans la personne du Roi.

La patrie moderne. — Le triomphe exclusif des principes égalitaires aboutirait à la suppression de la patrie. — Équilibre nécessaire de l'autorité et de la liberté.

Le patriotisme actuel ne saurait renier les traditions qui, lentement, au cours des âges, ont réuni tous les fragments du sol des ancêtres et en ont consacré l'indépendance ; toutefois, un facteur nouveau s'y est joint.

Comme au temps de la cité romaine, le culte des institutions a pris place dans l'idée de patrie.

La patrie moderne, c'est la nation; c'est le peuple souverain, maître de ses destinées, devenu, lui-même, propriétaire d'une grande partie des anciens domaines seigneuriaux, ou vivant librement des produits de son travail. L'amour du clocher, du sol natal, est indépendant de toute idée de possession, et l'organisation sociale repose sur de nouveaux principes.

Ces derniers, les principes égalitaires de la Révolution, ne sont qu'une reproduction, une laïcisation, si l'on veut, de l'idéal chrétien. Comme la morale évangélique, l'humanitarisme démocratique s'adresse à la masse des déshérités et les convie à la conquête du bonheur ; mais, tandis que la religion promet, seulement, les joies futures d'une autre vie, la démocratie revendique, pour tous, le bonheur immédiat de la vie terrestre.

Sans le contre-poids nécessaire de l'autorité, et la cohésion qui en résulte, ces principes se montreraient insuffisants pour maintenir la vie collective de la nation et en assurer le développement.

La liberté, l'égalité, la fraternité, sont des conceptions abstraites, plus difficiles à réaliser que la charité et le pardon des injures, plus incompatibles avec les facteurs inéluctables de toute évolution. Comment concilier l'égalité avec la sélection, qui repose sur les inégalités naturelles ou acquises, la fraternité universelle avec le combat pour la vie ? Ce sont là des vertus altruistes, qu'il faut opposer, sans doute, à la loi ancienne de l'égoïsme et de l'autorité, mais dont le triomphe exclusif entraînerait la déchéance et, bientôt, la disparition de l'idée de patrie.

Imaginons une société où l'*égalité* absolue a, logiquement, abouti à détruire toute supériorité, celle de la richesse après celle de la naissance, où l'intelligence elle-même, en raison des avantages qu'elle procure, est suspecte, où la propriété du sol, divisée à l'infini, ou accaparée par des compagnies anonymes, n'existe plus.

Un tel régime est celui de la médiocrité, d'une médiocrité qui tend, sans cesse, à décroître. Le peuple abusé, mais tout-puissant, supprime tout ce qui impose une gêne, et, au nom de la *liberté*, renie toute religion et toute magistrature. L'armée, qui exige l'obéissance et le sacrifice de la vie, est l'objet d'une aversion particulière ; les partisans du règne exclusif de la liberté ne peuvent tolérer les principes autoritaires sur lesquels elle s'appuie ; en les combattant ils doivent, nécessairement, la désorganiser et la détruire.

D'autre part, la suppression de la classe capitaliste a pour effet de faire disparaître l'intermédiaire naturel des échanges internationaux ; il en résulte un appauvrissement général, qui, peu à peu, fait passer la plus grande partie du sol et des industries aux mains des étrangers. Le principe de la *fraternité* s'applique aux autres peuples, sans pouvoir exiger d'eux la réciprocité, de sorte que rien n'arrête l'envahissement progressif de la nation.

Cette nation décapitée, dépossédée de son territoire, oublieuse de ses traditions, a déjà perdu tout idéal. Une vie sans espoir est-elle digne d'être vécue ? Un commun patrimoine de bassesse vaut-il d'être défendu ? L'idée de patrie, en fait, est abolie; le nom de la nation n'est plus qu'une expression géographique.

Sous prétexte de défendre les intérêts de ses nationaux, l'armée ennemie, un jour, passe la frontière, et le troupeau des esclaves de l'égalité la reçoit avec indifférence, ou même acclame, comme des libérateurs, ceux qui viennent, à son anarchie, substituer une direction et un ordre social.

Comme on le voit, la patrie ne peut se maintenir qu'en s'appuyant, en même temps, sur l'autorité et sur la liberté. Elle doit être, à la fois, une démocratie et une aristocratie.

Quoi qu'on fasse, en dépit des révolutions, une nation, tant qu'elle vit, est formée de deux classes, qu'aucune ligne de démarcation ne sépare, mais dont les tendances opposées s'équilibrent.

La première, réservoir des forces nationales, se compose de la masse du peuple, de tous ceux qui veulent, par le travail, conquérir un état social supérieur. Elle pratique nécessairement l'égoïsme, et se réclame de la liberté, destructive des barrières sociales. Son but est de parvenir à la propriété du sol.

L'autre est celle qui détient la propriété sous toutes ses formes ; elle comprend tous ceux que l'évolution a distingués de la foule, et les intellectuels, dont la pensée importe au progrès humain. Cette classe privilégiée est seule en mesure de pratiquer l'altruisme, et d'exercer l'autorité, mais il lui est difficile de se maintenir. Les lois modernes rejettent impitoyablement dans la masse, après quelques générations, les éléments usés, les oisifs, tandis que le peuple produit, sans cesse, des hommes d'intelligence et de volonté, qui viennent grossir les rangs de l'aristocratie.

Un courant de vie nationale s'établit ainsi entre deux pôles, et le fondement social de la patrie réside dans l'équilibre de ces classes rivales, où se retrouve l'antagonisme fécond des principes contradictoires de l'instinct.

La patrie actuelle. — Le drapeau national. — La frontière.

Le chef de l'État n'est plus, aujourd'hui, que le premier serviteur de la patrie, dont le dogme impersonnel domine toute fonction. La forme du gouvernement est républicaine et le pouvoir militaire est subordonné au pouvoir civil.

Seule, une guerre victorieuse est capable de démontrer que ces institutions sont, maintenant, suffisantes pour assurer l'unité et l'indépendance de la nation.

Il fallut le génie de Napoléon, il y a cent ans, pour forcer la victoire à cimenter l'œuvre audacieuse de la Révolution, mais le sentiment du devoir militaire et l'éducation civique du peuple se sont, peut-être, assez développés, depuis un siècle, pour qu'un général vainqueur ne se voie plus contraint de maintenir, en sa personne, le principe d'autorité.

Napoléon, ses généraux, ses législateurs, furent les premiers représentants de l'aristocratie moderne, de cette élite qui doit guider le peuple émancipé. Un instant, la nation, par eux, réalisa l'équilibre de ses forces en imposant, à l'Europe étonnée, le triomphe du symbole aux trois couleurs qui l'exprime.

Et voyez tout ce qui flotte dans les plis de cet étendard où fraternisent, en effet, la bannière de saint Louis, l'oriflamme de Jeanne d'Arc et le drapeau de la Révolution, où revit la longue théorie des idées qui firent autrefois tressaillir ou rêver l'âme française, qui l'élevèrent, pas à pas, jusqu'à la conception moderne de la patrie. Foyer, pénates, cité, province, père, seigneur, roi, nation, tout est là, comme dans l'esprit même et le cœur du peuple. Toute l'histoire du passé, tout ce que les siècles, en s'écoulant, ont éveillé d'espoirs ou réalisé de progrès, tout ce qu'ils ont entrevu d'idéal ou conquis de vérité, le culte des ancêtres, l'attachement au sol natal, au toit paternel, au champ de la moisson, l'ivresse des combats et la douceur de la paix, le dévouement des humbles et la gloire des héros, la richesse, lentement amassée par le travail, et la science, où se manifeste le génie de la race, c'est tout cela que symbolise le drapeau national, c'est tout cela que la foule reconnaît et salue quand il passe.

Ne l'oublions pas, toutefois, la guerre seule a permis d'affirmer et maintient la forme territoriale de la patrie actuelle. Les peuples ont reculé les bornes du champ familial jusqu'à cette ligne de poteaux inviolables qui sont les dieux Termes de la nation, mais c'est à l'obstacle infranchissable de cette frontière que doit s'appuyer l'effort nécessaire à la cohésion des éléments divers dont elle se compose.

Les patries modernes sont nées d'hier ; c'est hier que Napoléon consomma l'union des provinces de la vieille France, que l'Italie, que l'Allemagne, parvinrent à l'unité par des guerres terribles, et dont le deuil subsiste. Arrêtons-nous au point précis où l'humanité est elle-même parvenue, sans chercher à devancer la marche imperturbable du progrès. Un jour viendra, sans doute, où les frontières de la patrie actuelle reculeront encore ; mais voyez combien de siècles il a fallu pour franchir ces premières étapes, et mesurez l'effort qui reste à faire à la longueur du chemin déjà parcouru. Ne rêvez pas d'une patrie plus vaste qui serait l'humanité entière ; attendez que l'œuvre nationale soit consolidée et définitive, que chaque peuple ait vraiment réalisé sa propre unité intérieure, équilibré les intérêts, accordé les coutumes, oublié les querelles anciennes de classes et de religion.

Le pacte national ne doit pas, d'ailleurs,

aboutir à la centralisation excessive, à la tyrannie du pouvoir central ; il doit être, au contraire, le garant des franchises ou des traditions locales, le gardien de la famille, de la cité, de la province, l'expression des aspirations communes et des nécessités vitales de l'entente. C'est seulement lorsque cet accord se trouvera parfaitement réalisé, et consenti, que l'on pourra songer à l'union, plus haute, des États confédérés. Celle-ci ne se produira, d'ailleurs, comme par le passé, que sous la menace d'un danger commun, par l'effort commun d'une guerre qui unira les peuples du vieux continent européen pour la défense de leurs antiques capitales, ou la conquête de territoires encore inexploités. Cette forme nouvelle de la patrie future ne s'établira, et ne vivra, qu'à la condition ancienne de respecter toutes les formes précédentes de la patrie et de s'appuyer sur elles.

CHAPITRE IV

L'ARMÉE

Le culte de la patrie est la forme moderne de la religion naturelle. — Le soldat est le prêtre de la patrie. — L'armée est l'image de la patrie.

Le culte de la patrie est l'expression moderne de l'ancien culte du foyer paternel. Le drapeau national a remplacé l'autel de Vesta; on peut, devant lui, s'écrier comme Cicéron : « Là est ma race, là ma religion, là les traces de mes ancêtres ! » Et l'on doit ajouter : là est l'avenir, le progrès et la paix des générations futures.

Le culte de la patrie est la forme actuelle de cette religion naturelle qui, dès les premiers âges, dicta sa double loi de vie et de sacrifice à tous les êtres, qui fut la première éducatrice de l'humanité, avec laquelle les religions révélées se confondirent, au début, et qu'elles ne sauraient renier. Quand les prêtres, idéalisant les dogmes de leur enseignement, ne parlèrent plus, au nom de la divinité, que de l'avenir surnaturel des âmes, la religion terrestre de la patrie garda ses prêtres particuliers, les guerriers consacrés à son service, chargés de pratiquer la guerre et de garantir la paix, d'assurer l'action des deux facteurs du progrès dont nous avons montré l'antagonisme nécessaire et l'équilibre.

« La guerre est, en réalité, un acte religieux accompli par un peuple qui a foi dans son avenir. » (Général KESSLER, *La Guerre*.)

Le soldat est le prêtre de la patrie ; son rôle ne se conçoit légitime et « moral » qu'à cette unique condition ; chaque fois que la fonction de l'armée s'accomplit pour le salut ou pour la gloire du pays, elle apparaît, vraiment, comme un sacerdoce.

Cette fonction n'est que l'accomplissement rituel, en quelque sorte, du devoir envers la nation, supérieur à toute morale, fonction terrible, il est vrai, si peu conforme au caractère pacifique de la plupart des hommes, qu'on ne peut expliquer leur empressement à la remplir, si ce n'est par l'obéissance instinctive de leur conscience aux sollicitations d'une loi primordiale, fonction généreuse aussi, qui imprime la grandeur de son caractère jusque sur les traits du visage.

La rudesse du soldat et son insensibilité ne sont qu'apparentes. « La dureté de l'homme de guerre est comme un masque de fer sur un noble visage, comme un cachot de pierre qui renferme un prisonnier royal. » (A. DE VIGNY, *Servitude et Grandeur militaires*.) « Les caractères les plus doux aiment la guerre, la désirent et la font avec passion. Au premier signal, ce jeune homme aimable, élevé dans l'horreur de la violence et du sang, s'élance du foyer paternel et court, les armes à la main, chercher, sur le champ de bataille, ce qu'il appelle l'ennemi. » (J. DE MAISTRE, *La Guerre*.)

On ne peut comprendre cette folie, qui pousse l'homme à faire, avec enthousiasme, ce qui est devenu si contraire à sa nature, sans la notion fondamentale de la patrie (¹), appuyée elle-même sur la légitimité de la guerre. Qu'est l'armée, que peut-elle être, si elle n'est pas l'image et, en quelque sorte, la vivante expression de la patrie? Sans doute, il fut des armées diffé-

---

(1) Cette notion manquait à Joseph de Maistre. La Savoie, son pays natal, ayant été annexée à la France, en 1792, il resta fidèle à son souverain et vécut exilé, en Suisse, à Saint-Pétersbourg, puis à Turin.

rentes, constituées pour établir ou maintenir le pouvoir d'un homme, mais ces armées de mercenaires, ou de prétoriens, ne sauraient être confondues avec l'armée véritable, issue des entrailles de la nation, qui en est la synthèse et la force manifestée.

L'ARMÉE

L'armée de la cité romaine. — L'armée du Moyen Age. — L'homme d'armes incarne la terre. — Rudes combats du chevalier. — Influence de la chevalerie.

L'armée de la cité romaine était, dans les premiers temps, distribuée en familles, en curies et en *gentes,* et le guerrier avait pour voisin, pendant le combat, celui qui, en temps de paix, sacrifiait au même autel. Plus tard, quand la société se transforma, l'armée fut divisée en classes exactement comme la population, d'après la richesse. La première classe, qui avait l'armure complète, et les deux suivantes, qui avaient au moins le bouclier, le casque et l'épée, formaient les trois premières lignes de la légion; inversement, la division en centuries s'établit, pour les comices du peuple, comme pour l'armée.

Les nobles seuls combattaient à cheval, d'où le nom de *chevaliers* par lequel se distinguèrent les patriciens. Les plébéiens furent longtemps exclus de l'armée, comme ils l'étaient du gouvernement; l'un des premiers effets de la guerre fut de combler la distance qui séparait ces derniers du reste de la nation; quand Rome eut besoin de nouveaux centurions ou de rameurs pour sa flotte, les consuls durent s'adresser aux classes pauvres et leur permettre, en même temps que l'accès du champ de bataille, celui du forum. Telle fut l'origine de la démocratie.

Ainsi l'armée antique était l'image et l'ossature de la nation ; à son tour, la société se modelait sur elle.

Cette action réciproque et cette ressemblance nous paraissent plus frappantes encore au Moyen Age. A l'époque où la patrie territoriale se constitue et s'agrège, l'homme d'armes est le représentant de la terre, dont le revenu commande et paie son équipement, qui pour lui se divise en fiefs de haubert et fiefs d'écu.

Chaque seigneurie doit à l'*ost* du duc ou à celui du roi, un nombre de chevaliers proportionnel à son importance. Le chevalier *banneret* groupe autour de lui d'autres chevaliers *bacheliers* et des écuyers qui, tous, sont ses parents, ses voisins, ses vassaux, ou lui doivent l'hommage ; cette petite troupe de cavaliers bardés de fer, aux panaches fraternels, semble émanée du sol, et ses blasons juxtaposés formeraient une carte véritable du coin de province qui l'a produite ; l'armée féodale, c'est la terre vivante, armée.

En ces temps de combats sans cesse renouvelés, le guerrier est encore le rude gladiateur des temps antiques, habile à manier la lourde épée à deux mains et la masse d'armes. Les batailles sont des mêlées où la lutte se poursuit avec lenteur, interrompue et reprise au gré des combattants ; celui qui est renversé est vaincu, considéré comme mort, car le poids de son armure l'empêche de se relever.

Dans l'intervalle des rencontres, les chevaliers se défient et s'appellent en combats singuliers ; tous les détails du duel en champ clos sont réglés et surveillés par des juges. Au jour dit, les deux champions, armés de pied en cap, entrent en lice et, d'abord, fournissent plusieurs courses au galop pesant de leurs destriers ; chacun d'eux s'efforce de percer le bouclier de son adversaire ou de lui faire vider les arçons. Les lances rompues, ils mettent pied à terre, se rapprochent et s'assènent de vigoureux coups d'estoc et de taille, se saisissent au corps et se terrassent. Tombé, le vaincu est à la merci de son rival ; celui-ci, s'il ne fait pas grâce, doit délacer son gorgerin, lever sa visière, faire voler son casque, le frapper au visage du pommeau de son épée et de son gantelet ou, choisissant le défaut de sa cuirasse, l'achever brusquement d'un coup de dague.

Malgré la brutalité de ces exploits, le heaume rigide dont le chevalier masque ses traits n'abrite que des pensées généreuses. La croisade sainte contre l'infidèle, la course errante en quête de torts à redresser, d'infortunes à secourir ou l'appel du suzerain, le respect de la parole donnée, ont contraint l'héritier d'une noble race à délaisser le manoir paternel ; une cérémonie religieuse a consacré son droit ; après la veillée des armes, il a reçu l'*adoubement* solennel et l'accolade ; il a juré de protéger les pauvres et les faibles, de se garder de toute injustice et de toute félonie ; dès lors, la loyauté, la bravoure, la courtoisie, la fidélité à son prince, à la dame dont il porte les couleurs, telles sont les vertus dont il se fait gloire.

Quand, au soir du combat, à l'orée du bois solitaire, le chevalier tombe à son tour, étendu sur le sol où dorment ses ancêtres, il songe sans amertume à la tâche qu'il a remplie, il a conscience de la haute mission à laquelle il n'a point failli, et meurt sans regrets, ayant vécu sans peur et sans reproche.

Il serait téméraire, sans doute, de généraliser l'héroïsme de ces sentiments ; beaucoup de reîtres et de bandits déshonorent l'armée du Moyen Age, mais l'idéal chevaleresque s'impose à la nation et réagit sur elle. Si grande est l'influence des exemples de vertu militaire prodigués par la Noblesse que, même de nos jours, le titre ambitionné par tout citoyen qui a bien mérité de la patrie, et que consacre un ruban rouge, est celui de chevalier.

L'armée de l'ancien régime. — Courtoisie des officiers et raffinement des mœurs militaires. — L'armée de la Révolution. — Le combat moderne.

Quand la patrie française est constituée par l'union des provinces en la personne du Roi, nous retrouvons, dans l'armée, la fidèle image de la société. Le soldat est, toujours, l'homme du noble ; la compagnie appartient au capitaine, le régiment au colonel ; chaque régiment a ses enseignes, et représente la province où il s'est recruté ; mais ces différentes pièces de l'armure nationale sont désormais, comme toutes les parties du territoire, réunies dans la même main ; les corps de Bretagne-Infanterie, de Royal-Auvergne, de grenadiers de la Touraine, de dragons de Flandre ou d'Anjou obéissent, tous, aux directions uniformes du pouvoir central.

La politesse et le raffinement des mœurs se manifestent, à la fois, dans les salons et dans l'armée. La guerre antique n'existe plus ; les batailles sont une parade ; les troupes en présence s'entendent pour respecter tout ce qui est faible et ne massacrer que des soldats. Les hostilités cessent pendant l'hiver; des danses, des fêtes, réunissent les deux camps ennemis, « et, dans les horreurs de la plus sanglante mêlée, l'oreille du mourant peut entendre les accents de la pitié et les formules de la courtoisie ». (J. DE MAISTRE, *La Guerre*.)

« Messieurs les Anglais, tirez les premiers ! » Vraie ou fausse, cette parole renseigne sur l'état des esprits; une sorte de confraternité d'armes s'est établie entre les armées de toutes les nations, fondée sur des égards mutuels, une éducation commune à tous les gentilshommes; la guerre se localise entre ces champions, elle s'adoucit, s'humanise; va-t-elle disparaître ?

Non, certes; l'avènement de la démocratie, semblable à une invasion nouvelle de barbares, à l'intérieur, apportant comme la première, au vieux monde, un renouveau d'énergie et de jeunesse, bouleverse l'ancienne société, et transforme en même temps la guerre et l'armée. Les idées puissantes qui ont préparé et suscité la Révolution, en pénétrant jusqu'au fond des masses populaires, en font jaillir, d'abord, la haine accumulée par les siècles. A voir ces hordes farouches et mal vêtues, ces bataillons de sans-culottes, ces régiments de volontaires que la Convention lance sur l'Europe, puis ces armées orgueilleuses et innombrables que Napoléon met aux prises, il semble que l'humanité ait, soudain, reculé jusqu'aux temps néfastes des Huns et des Vandales ; la guerre de carnage a reparu ; comme aux champs Catalauniques, des nations se rassemblent et s'égorgent, aux plaines de Leipsick et de Waterloo.

Mais regardez mieux ce terrifiant spectacle, et comprenez-en la véritable portée. Le peuple a conquis le pouvoir ; il doit le payer de son sang. L'éternel creuset du combat pour l'existence s'est rempli de nouvelles couches à pétrir, à vivifier pour la civilisation et le progrès, et la guerre a dû reprendre son labeur inexorable. Comme les barbares en face du christianisme, les peuples émancipés ont trouvé, devant eux, l'antique religion naturelle ressuscitée, l'ancien culte de la patrie ravivé, grandi, à la rude et patiente école des âges qui ont précédé la Révolution ; c'est lui qui va canaliser et féconder l'élan populaire ; le salut public, la patrie en danger, sont les mots d'ordre qui soulèveront tous les enthousiasmes.

Et ne croyez pas que rien se perde des fruits de l'expérience, des conquêtes lentement arrosées du précieux sang de l'humanité. L'âme des chevaliers revit dans les volontaires de l'an II ; les grognards de l'Empire égalent leur bravoure ; le conscrit, placé en sentinelle perdue à la lisière du camp, retrouve, sans y songer, l'héroïsme de d'Assas.

Combien diffère, toutefois, des antiques prouesses du chevalier, le combat du soldat moderne, qui, sur le champ de bataille, n'est plus désormais couvert que de son propre sang, qui tue à grande distance, sans connaître celui que ses armes frappent, dont l'exploit difficile est d'attendre la mort, de la recevoir d'un ennemi invisible.

Après des journées de marche et de fatigue, le soldat, un soir, est arrivé brusquement au contact de l'ennemi, et le sifflement des premières balles a jeté dans son cœur l'appréhension vague du danger prochain ; il passe la nuit dans une ferme, ou près du feu de son bivouac, et dès l'aube un roulement de tambour le réveille ; il s'élance et rejoint sa compagnie, hâtivement déployée en tirailleurs. Autour de lui, des champs, des arbres, une route, se dessinent à travers la brume matinale ; quelques fusils épars, des cadavres déjà raidis, témoignent de l'escarmouche de la veille. Dans la passivité de l'attente, une même pensée hante les plus braves : celle du passage possible, immédiat, de la vie à la mort; tous éprouvent le sentiment indéfinissable de la distance menaçante qui sépare les deux armées en présence. Qu'y a-t-il derrière ce bouquet d'arbres, au delà de ce toit éclairé par le soleil?

Mais le premier coup de canon a retenti; les commandements se croisent, les fatigues sont oubliées. Le bruit des décharges se faisant écho, le fracas des obus, le silence qui règne dans les rangs, tout concourt à donner à cet instant un caractère de solennité singulière. En avant! La ligne des tirailleurs a bondi, puis s'arrête, se dissimule; le soldat épaule et tire, sans relâche, vers les masses sombres qui couronnent les hauteurs, tandis qu'un ouragan de projectiles gronde à ses oreilles. Sous cette rafale de mort, il doit rester immobile pendant de longues heures, des jours souvent, sans faiblir, prêt à s'élancer. Soudain, une forte commotion, comme un rude coup de bâton, l'étourdit, l'étend à terre; un flot de sang l'étouffe, il roule dans un sillon.....

Bravoure du soldat moderne, supérieure à celle du chevalier, grandeur tragique de sa mission, vous apparaissez plus clairement dans cette muette résignation aux coups du destin qui frappent, non les plus lâches ou les plus faibles, comme jadis, mais souvent les plus braves et les meilleurs.

Sacrifice à jamais ignoré, qui a besoin, plus qu'autrefois, de l'appui d'un haut idéal et d'un sentiment, exalté jusqu'à l'héroïsme, du devoir envers la patrie !

L'armée moderne et la démocratie.
L'armée comprend deux parties distinctes. — La nation armée.

L'avènement de la démocratie a marqué le point de départ d'une ère nouvelle, dont l'armée reflète les incertitudes premières ; la société moderne, à la fois glorieuse et embarrassée de cette victoire populaire, comprend la nécessité du maintien d'une classe rivale, d'une aristocratie qui se reforme d'elle-même, qui reste dépositaire de l'autorité et de l'énergie, agents principaux du progrès de la nation. Dans cette indécision, l'armée de la République ne sait encore, exactement, ce qu'elle est, ce qu'elle doit être, maîtresse ou esclave de cette société. Essayons de le définir.

En premier lieu l'armée, toujours, est l'image de la patrie ; elle a nécessairement enregistré, s'est assimilé tous les progrès véritables accomplis par la Révolution. Comme dans la société, la naissance n'y confère plus aucun privilège, mais seulement une charge et des devoirs plus grands ; le même uniforme revêt le noble et le paysan, le pauvre et le riche, l'ignorant et le lettré. Bien loin d'être contraire au principe de la démocratie, l'armée moderne en réalise l'une des conceptions les plus avancées, par la *nationalisation* des moyens de défense. Toutefois, comme la société et à son image, l'armée se compose de deux parties distinctes, qui se complètent l'une par l'autre.

La première est le cadre, comprenant les officiers, quelques sous-officiers et vieux soldats, tous ceux qui ont consacré leur vie au service de la nation et font, du métier militaire, une profession. Elle est la tête qui réfléchit, et qui prépare l'avenir en conservant la chaîne des traditions léguées par le passé.

Elle se compose de spécialistes auxquels la division du travail, gage de la prospérité du groupement social, assigne un rôle particulier, et qui, bien entendu, sont recrutés dans toutes les classes ; le savoir, l'intelligence et le caractère sont les seuls facteurs de la sélection à opérer. Le peuple doit avoir accès aux plus hauts grades, et la carrière militaire est, pour lui, le plus sûr moyen de s'élever à l'aristocratie ; le bâton du maréchal, que tout soldat porte dans sa giberne, doit être l'insigne d'un rang social supérieur, et donner comme pairs, à celui-ci, les plus instruits, les plus nobles et les plus riches.

L'autre partie de l'armée nationale est mobile et change sans cesse ; les générations s'y succèdent, amenant et remportant, chaque année, un contingent égal de recrues à instruire et de soldats congédiés ; elle est le jeune corps de la nation, que les anciens doivent façonner à leur image.

Chacune de ces deux parties ne peut rien sans l'autre ; aucune d'elles, prise séparément, ne représente la patrie, mais, ensemble, elles en sont l'expression véritable, dans un but déterminé : la guerre. Cette spécialisation complète de l'armée moderne lui interdit d'influer, en quoi que ce soit, sur la forme intérieure du gouvernement.

Comment pourrait-on, désormais, confondre cet organisme double et vivant avec l'armée permanente d'autrefois, isolée dans la nation et méconnue par elle ? Ce n'est plus là cette chose aveugle, « que l'on meut et qui tue » dans la direction où elle se trouve (A. DE VIGNY). L'armée moderne ne connaît qu'une seule direction, celle de l'étranger ; son rôle est uniquement sur la frontière ; elle se sait être la nation armée et ne pourrait, en aucun cas, se retourner contre elle.

L'armée est le lien national, l'éducatrice de la démocratie, la gardienne des lois. — **Elle est indépendante des partis politiques.** — *Nécessité des vertus militaires.*

L'armée est devenue, au lieu du Roi et à son défaut, le véritable lien national. Les provinces françaises ont, avec raison, conservé leurs frontières, leurs usages, leur idiome et jusqu'à leur costume ; les règlements administratifs n'arrivent pas à concilier leurs intérêts. Le Parlement, comprenant les élus de toutes les provinces, est, nécessairement, aussi divisé qu'elles ; l'armée seule, partout semblable à elle-même, empêche les différents morceaux de la patrie de se détacher les uns des autres ; elle est, comme la Loi, l'institution commune, la sauvegarde mutuelle de leur alliance.

L'armée ouvre ses rangs aux conscrits accourus de tous les points du territoire. La caserne est une réduction de la patrie où le Provençal, le Breton et le Flamand vivent, parfois, côte à côte et, toujours, de la même façon ; dans la chambrée, autour de la gamelle, ils font l'apprentissage des mêmes sentiments. Quand, après quelques années, chacun d'eux retourne au pays natal, c'est avec le caractère définitif de citoyen français et, en quelque sorte, l'estampille nationale.

La partie aristocratique de l'armée, le corps des officiers, doit prendre conscience du rôle nouveau qui lui incombe, et qui n'est pas moins utile pendant la paix qu'en temps de guerre ; ce rôle est celui d'éducateurs de la démocratie. A l'officier s'impose la tâche de compléter l'instruction des générations populaires parvenues à l'âge viril· l'instituteur a formé des hommes, c'est à lui d'en faire des citoyens par l'apprentissage du devoir militaire, dernier stade de leur éducation.

L'officier doit, en outre, veiller au bien-être matériel et moral des soldats, exiger d'eux, surtout, la plus sévère hygiène ; leur état sanitaire doit être l'objet de sa constante sollicitude. Les épidémies qui, dès le temps de paix, déciment parfois, sans combat et sans gloire, les troupes entassées dans des casernes insalubres, équivalent, pour le commandement, à la plus honteuse des défaites.

Quand le moral et le physique de ses hommes sont intacts, l'officier peut les entraîner aux exercices militaires comme à un sport joyeux et captivant, et non pas une corvée fastidieuse et déprimante.

Il faut, en un mot, que la caserne soit une école d'énergie et de bonne humeur, dont tous gardent le meilleur souvenir.

L'homme qui a terminé son service militaire et se tient prêt à rejoindre le drapeau au premier appel, a maintenant le droit d'influer, pour sa part, sur les destinées de son pays; mais celui-là seul a qualité pour voter qui peut être requis pour combattre.

Ainsi l'officier qui, en temps de guerre, deviendra le chef et le guide de la nation n'est, pendant la paix, que l'un de ses instructeurs. Il reste le dépositaire de vertus antiques et nécessaires qu'il doit, à son tour, enseigner et dont il doit l'exemple.

Bien loin d'être un danger pour le peuple, il sait que son devoir est de l'instruire et de le protéger; il court où l'incendie s'allume, où l'inondation menace, où le désordre apparaît et, laissant là ses armes inutiles, met au service de ses concitoyens la force unie et calme de la discipline et du sang-froid.

L'armée assume encore un autre rôle, celui de gardienne des lois, expression de la volonté nationale. Elle doit assurer l'ordre public et la sécurité des citoyens; son concours peut être requis par l'autorité administrative pour suppléer à l'insuffisance de la police, mais cette action intérieure, et toute pacifique, n'a rien de commun avec la mission sanglante et redoutable qu'elle doit remplir en temps de guerre ; l'armée, sans doute, est le bras armé du Pouvoir, mais ce bras ne doit déployer sa puissance que dans la mesure indispensable pour assurer l'*exécution des lois*. La troupe ne peut faire usage de ses armes que contre des rebelles armés, devenus ainsi, par leur intention de nuire, de véritables ennemis de la patrie ; la répression, dans ce cas, doit être militaire, c'est-à-dire aussi rapide qu'énergique et atteindre, surtout, les chefs et les instigateurs de l'émeute.

L'armée ignore la politique ; elle domine, comme un rocher, les revendications de tous les partis.

A la première sonnerie du clairon sur la frontière, les divergences d'opinion, d'intérêts, de classes disparaissent, pour laisser resplendir aux yeux de tous, la grandeur et la nécessité du rempart militaire.

Gardons-nous d'affaiblir la puissance de ce rempart en prêtant l'oreille à certaines suggestions. S'il n'y a pas deux morales et deux devoirs, il existe une loi complexe, dont il appartient au soldat de pratiquer la double expression de force et de dévouement, nécessaire, à la fois, au maintien de la patrie vis-à-vis de l'étranger et à son progrès intérieur.

Il est des patries stationnaires ; il en est d'autres qui disparaissent : celles où cette loi est méconnue, où le devoir militaire est abandonné, car, en même temps, dépérit l'énergie vitale et se perd la cohésion du groupement social.

La force d'une nation dépend de l'estime où y sont tenues les vertus militaires. En les pratiquant l'homme s'élève ; en les reniant il s'avilit ; le peuple qui les méprise est condamné.

CHAPITRE V

VALEURS MILITAIRES

Résumé. — Le service militaire. — Loyalisme.

Le devoir est la libre obéissance à la loi divine, et cette loi mystérieuse se manifeste à nous de deux façons distinctes, opposées l'une à l'autre et, toutes les deux, légitimes. La loi du combat pour la vie, de la guerre, s'exerce actuellement entre les nations comme elle s'est exercée, jadis, entre les individus; elle assure l'existence et le développement des groupements sociaux, à l'intérieur desquels la loi d'assistance et de solidarité produit, à son tour, ses effets moraux.

La morale devient l'altruisme pour l'individu mais reste, exclusivement, l'égoïsme pour la société; la pratique de cette double loi constitue le devoir intégral auquel se mesure, pour tous, la valeur des actes vraiment en harmonie avec la Raison universelle.

Le service militaire est l'école du devoir envers la patrie, résumé et synthèse de tous les devoirs. *Servir*, c'est accomplir la loi, concourir à l'œuvre mystérieuse de l'Évolution, se dévouer pour les fins entrevues de l'univers.

C'est, pour l'artiste, réaliser les aspirations vers la beauté, pour le savant, pour le magistrat, découvrir la vérité ou proclamer la justice; pour le soldat, c'est appliquer la force, souveraine créatrice de vie, au développement du groupement social et, pour en avoir le droit, se soumettre à la loi complète du combat et du sacrifice.

Le service militaire ne peut plus être confondu avec la servitude; l'officier n'est que le serviteur d'une idée, la plus haute et la plus nécessaire des idées directrices de l'humanité; le soldat n'est plus l'homme du noble, du seigneur ou du roi, encore moins l'homme d'un parti ou d'une secte; il est l'homme de la patrie et l'homme du devoir.

A la lueur de ces vérités fondamentales, efforçons-nous de préciser les obligations que lui impose la mission dont il est investi, d'établir une échelle des *valeurs* militaires, et des devoirs qui en sont la contre-partie.

La première de toutes nous paraît être le *loyalisme,* c'est-à-dire l'obéissance aux lois et la fidélité au souverain. Quand celui-ci tient son pouvoir du droit de sa naissance et incarne, en lui, tous les intérêts nationaux, cette fidélité est personnelle et s'affirme par un serment. Dans une démocratie, le souverain c'est le peuple, et le chef de l'État tient ses droits du suffrage de tous; il est, pendant la durée de son mandat, en vertu de sa fonction même, le représentant de la patrie, l'expression vivante de la loi et, par suite, le chef suprême de l'armée. Toute révolte contre sa magistrature est un crime; sa personne est inviolable.

C'est, précisément, parce que l'armée moderne est au service de la nation qu'elle a pour premier devoir de servir, loyalement, ceux que la nation a librement choisis pour ses chefs. Quels que soient les hommes que le jeu régulier des institutions amène au pouvoir, l'armée leur doit le même dévouement et la même obéissance. Il n'est qu'un seul cas qui puisse la dispenser de cette fidélité : celui où le chef de l'État, lui-même, est convaincu d'avoir trahi la loi ou le pays qu'il représente; l'armée se trouve, alors, nécessairement déliée de toute obligation envers lui.

Le loyalisme est le premier anneau de la chaîne qui unit l'armée au pays, mais cette chaîne n'a rien de celle de l'esclave; l'armée s'en charge librement, et s'en glorifie comme d'une couronne.

L'honneur. — Le courage. — L'autorité.
Les vertus de l'énergie. — La gloire des héros.

Le plus beau fleuron de cette couronne, le joyau qu'elle fait briller, d'abord, aux yeux de tous, s'appelle l'*honneur*.

« L'honneur est la conscience, mais la conscience exaltée. C'est le respect de soi-même et de la beauté de sa vie porté jusqu'à la plus pure élévation et jusqu'à la passion la plus ardente. » (A. DE VIGNY, *Servitude et grandeur militaires.*)

L'honneur est la vertu suprême de celui dont la fonction est un sacerdoce, qui a conscience d'être l'exécuteur et le prêtre de la vraie loi; aucune tache ne doit souiller la robe blanche du sacrificateur.

Tout citoyen est homme d'honneur, et la probité du commerçant n'est pas différente de celle de l'officier; celui-ci doit, néanmoins, montrer quelque chose de plus et pousser la délicatesse, en matière d'argent, jusqu'au scrupule le plus raffiné. Tout homme a le respect de la parole donnée, mais la parole de l'officier est sacrée;

s'il manque à un engagement d'honneur, il n'est plus digne de revêtir l'uniforme.

Celui qui porte le glaive de la patrie ne saurait être ridicule; l'honneur dont il se pare est celui de la nation; il doit éviter toute compromission, tout scandale, toute attitude qui pourrait prêter à la critique ou, seulement, au sourire; les dettes de jeu, l'intempérance et le libertinage sont, pour lui, de véritables tares. Il a conscience du respect dû à son uniforme et sait relever toute injure qui atteindrait, en lui, la patrie elle-même. Il est le moderne chevalier de cette patrie et il s'efforce, en son nom, d'éviter toute injustice et de protéger les pauvres et les faibles.

Ces exagérations ne sont pas l'effet d'une vaine gloriole. Il est nécessaire que ceux, qui pour accomplir la loi de sang doivent tuer, dévaster, réquisitionner et punir, ne puissent jamais être soupçonnés d'agir ainsi par passion ou par intérêt. Plus l'œuvre qui leur est demandée est terrible, plus leur vie privée, par sa noblesse et son austérité, doit démontrer que cette œuvre n'est pas criminelle.

Comme le preux du Moyen Age, nous voulons l'officier sans reproche et sans peur, mais le *courage,* que nous considérons vraiment comme une vertu militaire, n'a rien de commun avec cette fureur aveugle qui anime les fauves ou les bandits.

La bravoure du soldat provient de la conscience de son devoir : elle prend sa source dans un sentiment intime qui le pousse à braver, à aimer même le danger et, par lui, le fait vivre dans une perpétuelle victoire. Elle est l'affirmation sereine de l'instinct primordial du combat pour la vie, qui, réfréné par la solidarité entre concitoyens, se manifeste librement dans la direction où le combat reste légitime, c'est-à-dire en face de l'étranger. Indépendante de la nature et soumise à la volonté, elle fait taire la sensibilité et commande aux nerfs en révolte. « Le courage est la marque sûre du sentiment qui nous attache à l'idéal d'une façon désintéressée, puisque, évidemment, le plus haut degré du courage, celui qui est couronné par la mort, n'est pas récompensé ici-bas. » (E. RENAN, Préface du *Prêtre de Nemi*.)

Le soldat n'a plus que rarement à combattre corps à corps ; souvent même son rôle n'est que passif. Le mécanicien du vaisseau de guerre, enfermé dans un compartiment de tôles étanches, tandis que le canon gronde au-dessus de sa tête, sait qu'une déchirure de ces tôles permettrait à l'eau d'envahir son étroite prison et de l'engloutir; il doit, néanmoins, assurer avec calme et précision la marche des appareils qu'il conduit. Le courage dont il fait preuve est aussi grand que celui du cavalier qui, sabre au clair, et poussant des hourras frénétiques, charge en tête de son escadron; tous deux bravent, avec une égale insouciance, une mort différente.

Plaçons plus haut encore le courage de l'officier qui, froidement, pointe les pièces, calcule les distances, commande les marches, règle les manœuvres, et qui sait le nombre de vies humaines que coûteront ces actes réfléchis de sa volonté, qui doit les poursuivre en restant insensible à la vue du carnage, en fermant l'oreille aux plaintes des blessés, aux clameurs d'agonie des mourants. Le sentiment de son devoir envers la patrie lui permet, seul, de remplir, avec calme, cette mission sanglante, qu'il repousserait avec horreur s'il pouvait douter, un instant, de sa légitimité et de sa grandeur.

L'honneur et le courage sont nécessaires à tous les degrés de la hiérarchie et, à chacun d'eux, le chef doit y joindre une puissance acquise, une vertu particulière qui lui permettra d'entraîner ses hommes : *l'autorité*.

L'autorité d'un homme sur ses inférieurs,

l'empire qu'il exerce sur eux ne vient pas seulement du grade qu'il possède et du pouvoir disciplinaire que ce grade lui confère. Sans doute, il doit maintenir la discipline d'une façon rigoureuse, impitoyable, mais que pèsera la crainte des répressions à l'heure du combat, en face de toutes les chances de mort ? Pour qu'un chef mène ses hommes au feu, il ne suffit pas qu'il en soit redouté, il faut que, dès le temps de paix, il ait su gagner leur confiance et leur affection, commander leur estime et affirmer la suprématie de son caractère.

« Une aspiration idéale doit pénétrer tout son être. » (VON DER GOLTZ, *La Nation armée*.) Il doit inculquer aux soldats le sentiment du devoir, faire naître, et développer dans leur esprit, la conviction que ses ordres ne seront jamais dictés que par l'amour de la patrie, le culte de cette divinité commune à qui chefs et soldats doivent le même respect et la même obéissance. A la guerre, « il faut que l'exemple habituel de son mépris du danger, de son abnégation, éveille de nobles sentiments dans les cœurs » (*Ibid.*).

Nous voulons enfin que l'autorité soit bienveillante, en même temps qu'inflexible, qu'elle fasse sentir, à la fois, un maître et un protecteur dans celui qui commande, qu'elle soit vraiment l'image de l'antique puissance paternelle, source première de toute autorité.

Pour être sûr de lui-même, et reconnu par tous, le chef doit être, en outre, un homme de science, étudier, pendant la paix, les problèmes qu'il devra résoudre en temps de guerre et, par un labeur assidu, se préparer à la tâche difficile qui l'attend. La plus légère erreur du commandement peut entraîner de redoutables conséquences; l'impéritie ou l'imprudence du chef font couler, inutilement, le sang des soldats et peuvent compromettre l'existence même de la patrie.

Mais qu'à la science il joigne l'intelligence, la volonté, l'audace, le génie et l'ascendant moral d'un noble caractère, le chef d'armée deviendra, vraiment, le maître de la victoire. Il sera l'épée vivante de la nation, l'étoile flamboyante de ses destinées, le héros en qui rayonne la loi première du combat et de la vie, qui guide les peuples vers le Progrès et qu'accompagnent, sur un chemin de gloire, les trompettes retentissantes de la renommée. Et si la fortune le trahit un jour, si, par un destin tragique, il couronne son épopée d'un sacrifice proportionné à sa grandeur, l'admiration des peuples lui appartient légitimement.

Que les cendres du héros soient vénérées ! Qu'il repose, derrière l'autel, dans un solennel tombeau de marbre et de bronze; qu'un dôme étincelant signale, à l'univers, le triomphe de son dernier sommeil, et que les étendards, pris à l'ennemi, éternellement lui fassent cortège et s'inclinent autour de son cercueil !

Les devoirs du sacrifice. — *La dignité.* — *L'obéissance passive et la responsabilité.*

Après les vertus éclatantes de l'énergie, nous avons à énumérer les devoirs parallèles du dévouement et du sacrifice. La grandeur guerrière est de deux sortes : l'une extérieure, active et fière, dont l'auréole s'attache à quelques fronts prédestinés, l'autre tout intérieure, passive, et plus belle peut-être, qui est l'apanage de tous. La gloire des chefs est faite de l'héroïsme obscur des soldats.

Au point qui marque l'inflexion du devoir militaire, et son passage à la loi de souffrance, nous placerons la *dignité*. Cette vertu particulière et neutre, en quelque sorte, est commune à tous ceux qui servent la patrie; elle vient d'un sentiment profond du rôle sérieux, presque solennel, qu'une telle fonction leur assigne. Elle commande la retenue du langage, la gravité du maintien et la correction du costume; elle est l'auxiliaire puissant de la discipline, impose à tous le respect de soi-même et de l'uniforme, ennoblit l'obéissance due aux supérieurs et l'exempte de toute servilité.

L'*obéissance* est la vertu par excellence du

soldat, car il n'est point d'armée sans elle ; elle assure l'action commune dans un but unique et n'admet aucune réticence. Si le devoir, en général, est l'obéissance aux lois divines de la vie universelle, le devoir militaire, qui n'est que l'application complète et intensive de ces lois, a pour règle première l'obéissance aux supérieurs hiérarchiques, dépositaires de l'autorité légitime qui s'exerce au nom de la patrie, et remonte, par elle, à la source antique de toute loi et de tout devoir.

Toutefois, l'obéissance passive ne saurait se concevoir sans la *responsabilité*, qui incombe tout entière à celui qui ordonne. Quand un officier commande à ses hommes de faire feu, c'est lui seul, en réalité, qui couche en joue toutes les armes et qui est responsable de leur effet. Il obéit, lui-même, à l'ordre plus général d'un supérieur qui juge de l'opportunité de l'action prescrite. A chacun des degrés de la hiérarchie militaire, un homme prend ainsi sa part de responsabilité ; celle-ci remonte sans cesse, en grandissant, jusqu'au sommet. C'est le courage de la responsabilité qui fait les chefs, donne à leur caractère une maîtrise indépendante des événements, les élève au-dessus des autres hommes et les rend dignes de commander.

L'obéissance passive est due, sans restrictions, à tous les ordres donnés par les chefs hiérarchiques « pour le bien du service et le succès des armes de la France [1] ». Cette formule exprime clairement, et d'une façon complète, le devoir envers la patrie qui fait la légitimité des ordres militaires. Les obligations diverses que ce devoir impose à l'armée définissent la nature et limitent l'étendue de l'obéissance ; celle-ci s'arrête au point précis où l'emploi meurtrier des armes devient criminel, en cessant d'être mis, uniquement, au service de la nation. Le simple soldat n'est jamais responsable et, par suite, l'obéissance qu'il doit à ses chefs est aveugle et machinale ; toute infraction à cette règle doit être réprimée énergiquement.

L'obéissance due par l'officier est différente, car celui-ci doit comprendre la pensée de son supérieur et le seconder de tout son pouvoir. Il assume une part de responsabilité dans les mesures propres à assurer l'exécution des ordres, et qu'il est important de laisser à son initiative. Mais, où commence la responsabilité, commence un droit d'examen, car aucune responsabilité ne saurait être prise que librement.

Nous touchons, ici, à l'un des points les plus

---

[1] Formule des lettres de commandement en usage dans la Marine.

délicats de notre étude. La discipline est la force des armées; n'est-ce pas la détruire que tolérer, si peu que ce soit, ce droit d'examen? Le supprimer, d'autre part, n'est-ce pas risquer de mettre, éventuellement, la puissance militaire entre les mains d'un criminel ou d'un fou?

En matière d'opérations de guerre, toute restriction est interdite, parce que le général en chef connaît seul le but qu'il poursuit et qu'il en est, seul, responsable, mais lui-même doit résigner ses fonctions plutôt qu'exécuter un plan de campagne qu'il désapprouve.

En dehors des opérations contre l'ennemi, il est des circonstances où le refus d'obéissance est légitime et nécessaire. Des chefs indignes peuvent avoir la volonté d'employer la force armée à toute autre chose qu'à l'accomplissement du devoir militaire, la tourner contre les lois ou contre le pays, ordonner, en un mot, non des actes militaires, mais des brigandages et des crimes. Le devoir n'étant jamais que du côté de la patrie, autour du drapeau national, avec le droit, la justice et la liberté, ne saurait être de prendre part à une lâcheté, une bassesse ou une trahison. L'histoire honorera les officiers qui refusèrent de rendre à l'ennemi les étendards livrés par Bazaine et, contrairement à son ordre formel, préférèrent jeter aux flammes ou lacérer ces nobles insignes.

Le courage de la responsabilité peut donc aller jusqu'au refus d'obéissance. Quand il s'agit de prendre une responsabilité, qui rend complice d'un ordre manifestement contraire à l'honneur ou à l'intérêt de la patrie, l'officier ne peut demeurer irréprochable en disant seulement : « J'ai obéi ! » Son refus, sans doute, entraîne sa comparution devant un tribunal militaire, mais il arrive, quelquefois, que les décisions de celui-ci ne soient pas ratifiées par l'opinion : le maréchal Ney, justement condamné, reste, pour beaucoup, innocent.

Enfin l'obéissance militaire doit être exclusive ; elle n'est due qu'aux supérieurs hiérarchiques ou aux réquisitions régulières de l'autorité légale. L'homme au service de la nation ne doit pas connaître d'autres chefs, recevoir un autre mot d'ordre, s'affilier à un parti ou à une secte dont les directions, mal connues, risqueraient d'être contraires à l'intérêt du pays.

En résumé, l'obéissance suppose l'autorité légitime et s'exerçant pour le bien de la patrie ; elle en équilibre la puissance en se limitant, strictement, au devoir militaire.

La résignation. — *L'abnégation.* — *Le sacrifice de la vie.*

La vertu qu'il nous faut, maintenant, placer en regard et à l'opposé du courage, s'appelle la *résignation*. La vie militaire est, parfois, triste et monotone; la régularité fastidieuse des exercices, la sévérité des consignes, la vulgarité de l'existence, ou l'ennui des garnisons lointaines et prolongées, constituent une chaîne qui semble lourde aux caractères impatients de manifester leur énergie. Il est plus difficile de se résigner à cette médiocrité silencieuse que de courir, joyeusement, au-devant des balles, au grand soleil de la bataille. Le courage est une excitation momentanée; la résignation est la lente et patiente soumission au devoir, l'acceptation de la loi de souffrance, le commencement du sacrifice.

L'officier, riche ou pauvre, doit se résigner à ne tirer aucun profit de son travail, à donner, sans compter, tout son temps au pays; sa solde n'est qu'un traitement, jamais la rémunération de ses services. Ce désintéressement grandit son caractère; il a le droit d'en être fier, mais la nation doit, en retour, « assurer à l'officier une existence exempte de soucis; c'est un devoir qui lui est dicté par son propre intérêt. » (Von der Goltz, *La Nation armée*.)

L'officier, sans doute, a l'ambition légitime de parvenir aux grades supérieurs, mais, là encore, il doit se résigner, et dans certains cas jusqu'à l'*abnégation*. Il faut qu'il sache oublier l'injustice, et obéir aux camarades de la veille qui ont reçu le grade auquel il avait droit, qu'il juge inférieurs à lui-même ; il doit respecter ces parvenus et se dévouer, pour eux, sans arrière-pensée.

L'ambition déréglée est l'indice d'un sentiment erroné ou insuffisant du devoir ; elle pousse l'officier à faire passer son intérêt particulier, et mesquin, avant l'intérêt supérieur du pays, à méconnaître les responsabilités plus lourdes que confère un grade plus élevé ; conduit aux rivalités, aux soumissions impatientes, aux ordres mal exécutés, à la défaite. On peut s'attendre à toutes les défaillances de la part du chef qui ne doit son avancement qu'à l'intrigue ; au contraire, celui qui a souffert de l'injustice est mieux préparé à supporter les épreuves de la guerre, à envisager avec calme les chances diverses du combat.

Le devoir est de faire abstraction de sa personnalité, et l'abnégation doit dépasser même cette limite ; ce n'est pas seulement à ses préférences et à ses intérêts que l'officier peut être appelé à renoncer, c'est à ses affections et à sa famille. Mais la famille n'est-elle pas le fondement de la patrie, la source antique de tout devoir? Qu'y a-t-il de plus sacré, de plus puissant, de plus légitime, que les liens qui unissent l'époux à l'épouse, le père à ses enfants? Une seule chose, l'amour de la patrie.

Ici le devoir militaire s'élève, et emprunte sa grandeur à la loi sévère de la douleur et du sacrifice; c'est par elle qu'il se complète et achève de se justifier, et qu'en élargissant l'horizon des aspirations et des devoirs, en immolant la famille individuelle à la famille collective, il se manifeste comme la loi véritable du progrès humain; l'effort imposé aux sentiments naturels les tend vers un haut idéal de force et d'honneur. Il appartient à l'officier de donner, dès le temps de paix, l'exemple des sacrifices qui s'imposeront à tous pendant la guerre. S'il le faut, il s'exile au delà des mers; ses fils grandiront sans le connaître et, s'il meurt là-bas, il sera moins pleuré: l'absent est mort à demi; ce ne sera qu'un regret ajouté au souvenir. Par le sacrifice de soi-même et celui de ses affections il se montre, ainsi, le prêtre austère de la patrie, ayant tout quitté pour la servir.

Cette divinité inflexible exige plus encore ; pour légitimer sa loi de violence, en consacrer la grandeur, elle lui oppose un dernier sacrifice, qui consomme et résume tous les autres : le sacrifice de la vie.

Le devoir militaire, dans ce qu'il a de plus essentiel : tuer et mourir, n'est pas l'apanage d'une classe privilégiée, la sombre prérogative de quelques-uns, mais bien la loi commune à laquelle tout citoyen doit obéir ; la vie durable et collective de la nation a besoin, pour se maintenir, du concours de toutes les vies individuelles. Le vrai soldat, peut-être, n'est pas celui qui fait profession de se battre, et qu'aucun lien n'entrave, c'est le père ou l'enfant de la famille, qui a conscience d'être un anneau de la chaîne, une maille du tissu national, en qui revit l'esprit des ancêtres et qui, ayant reçu d'eux un patrimoine, sait qu'il doit, en mourant, le léguer intact.

Mais, avant de mourir, on lui demande de tuer, de tuer beaucoup.

L'heure est venue, voici le rappel des tambours ! Allons, paysan, laisse-là ta charrue ; ouvrier, jette tes outils ; ferme tes livres, penseur ; artiste, oublie ton rêve ; un plus rude labeur vous attend, un plus grand rêve vous sollicite ! Tout un peuple est debout, en marche vers l'avenir, et votre place est marquée dans ses rangs; citoyens paisibles, saisissez vos armes et courez à la frontière; frappez, sans pitié, les ennemis de votre race, et tombez vous-mêmes sur le rempart de leurs cadavres amoncelés !

Vous qui dirigez les nations, qui proférez cet appel, si la guerre vous paraît seulement une barbarie et un fléau, dites-nous par quel ingénieux mensonge vous pourrez suggérer de tels actes, entraîner la foule des combattants vers le meurtre et vers la mort; comment vous oserez contraindre à cette loi de sang et de larmes, si vous n'avez pas la conviction inébranlable qu'elle est, en réalité, l'expression la plus haute et la plus complète du devoir, l'instrument puissant et sûr du Progrès ?

Une telle conviction ne peut pas être celle du pacifiste, qui ne voit qu'un côté des choses, qui est atteint, comme le dit Nietzsche, d'une sorte d'hémiplégie intellectuelle, mais elle est indispensable aux chefs d'État et aux chefs d'armée; elle seule justifie et ennoblit leur rôle à leurs propres yeux, élève leur esprit au-dessus des considérations humaines, et immédiates, où risquerait de s'attarder leur conception *générale* des choses.

Conclusion. — La mort du soldat. — L'immortalité.

La retraite a sonné; l'ivresse du combat a disparu, et le fracas des armes s'est évanoui. Le soldat, frappé d'une balle, est étendu sur le sol; sa main étreint encore l'arme homicide et, dans ses yeux voilés, passe une vision dernière de la vie qui s'enfuit.

Il revoit sa famille, un père âgé, une mère qui, dans quelques jours, apprendra que son enfant est mort, abandonné, l'appelant en vain; mais ce n'est pas tout. Officier, il tombe avant d'avoir vu la victoire couronner ses efforts, dans l'angoisse du sacrifice inutile; industriel, il sait que l'usine où son initiative éveillait le travail, sera délaissée ou vendue; artiste, il pense à l'œuvre à peine ébauchée, à l'œuvre plus belle qu'il portait là, derrière ce front troué... Comme en un rêve, le mourant revoit la mêlée ardente, la fièvre qui l'a saisi, les adversaires qu'il a visés, atteints, qui là-bas, sans doute, agonisent et, comme lui, laisseront leur foyer désert et leur tâche inachevée et, songeant à tous ces deuils, à cette cruauté qu'il a voulue, il se demande anxieusement : Qu'ai-je fait ?

Approchons-nous donc de ce coin d'ombre et de gloire, où gît le héros et la victime de la loi sanglante. Aux dernières lueurs de la bataille, lointaine auréole à son martyre, examinons le signe dont cette loi inexorable a marqué ses traits; écoutons silencieusement, et le front découvert, les voix concordantes de la Raison, de la Conscience et de la Nature, en proclamer le véritable caractère, et, dans cette souffrance humaine, reconnaissant l'empreinte de la loi divine qui régit les mondes, répondons-lui sans hésiter : Tu as bien fait, soldat; tu as fait ton devoir !

Tu as défendu l'héritage de tes ancêtres, le sol qui t'a produit et d'où ton sang fera germer d'autres générations d'hommes libres, au regard fier, qui garderont ta mémoire, et que ton exemple élèvera à la conscience de leur valeur. Plus haut que le travail, ou que l'intelligence, et plus haut que l'amour, tu as manifesté l'essentielle vertu, *l'énergie*. Tu as réalisé « l'action de l'homme, enfin, qui sur les champs de bataille, donne sa vie d'espérance, de devoir, sa vie d'amitié et d'amour, pour une cause jugée par lui supérieure à lui-même. » (G. CLÉMENCEAU, *Le Grand Pan.*)

Tu as été, pour ta part, et dans la mesure de ta

force, la puissance, créatrice des mondes. Puis, tu as renoncé à tes affections et à toi-même ; tu as combattu pour tes frères et tu meurs pour eux.

Tu meurs ; mais, par toi, la nation vivra. Par toi, victorieuse ou vaincue, elle aura fait l'effort nécessaire pour ne pas laisser éteindre le flambeau de son génie, périmer son œuvre de justice et de liberté, pour affirmer cette œuvre et la rendre impérissable.

Homme, tu as suivi l'impulsion originelle, puis tu as souffert et tu t'es dévoué. Le cycle est fermé ; tu as accompli la loi du combat et celle du sacrifice ; tu as exalté la vie qui était en toi, puis tu l'as donnée ; cette vie persiste et s'élève.

La vie persiste. Qu'importe la mort inéluctable, la disparition des individus qui, depuis tant de siècles, en reproduisent l'innombrable reflet ? Ce qui compte, ici-bas, ce qui survit parmi nous, ce qui progresse par l'héroïsme et la souffrance accumulés, c'est l'âme commune et indestructible de la Race, c'est, dans l'éternel retour des existences éphémères, la vie collective immortelle.

Et la vie s'élève. Elle retourne à son principe, à la vraie Vie, dont rien ne meurt, qui se retrouve, plus intense, quand son expression passagère a disparu, et qui réserve un avenir surnaturel à ce qui fut ta pensée.

Repose en paix, soldat ; ferme les yeux, doucement, avec la certitude du devoir accompli, du concours entièrement donné aux fins mystérieuses de l'univers, et d'un prochain réveil dans l'infini de nouvelles destinées !

Table des Matières

INTRODUCTION

Pages.

Il est généralement admis que la guerre est un fléau. — Cette opinion sert de prétexte à l'antimilitarisme. — La guerre n'est pas un fléau, mais la loi du développement de la vie collective   v

CHAPITRE I

LE DEVOIR

L'idée du devoir et les contradictions de la morale. — La loi du devoir est supérieure aux sentiments de l'homme   1

Il existe une loi suprême à laquelle le devoir est d'obéir. — Difficulté de connaître cette loi, qui se manifeste de deux façons contraires   5

Dualité du principe manifesté des choses. — Dualité des forces cosmiques. — Dualité des instincts de l'Homme. — Égoïsme et Altruisme.   9

L'altruisme se manifeste, chez les animaux, pour assurer la continuité de l'espèce. — Il développe les facultés morales de l'homme. — La suppression de l'égoïsme entraînerait le retour à l'animalité. — La suppression de l'altruisme aboutirait à la disparition de l'humanité   13

L'égoïsme et l'altruisme doivent coexister. — La douleur et la mort sont les agents de l'évolution .   19

Le devoir est de se conformer aux desseins de la loi suprême. — Le devoir intégral s'appelle le devoir militaire.   22

CHAPITRE II

LA GUERRE ET LA PAIX

Pages.

La vie s'alimente par la destruction. — La guerre assure le progrès des organes, developpe les facultés de l'homme primitif, nécessite l'organisation sociale, fait naître le commerce et les arts. . . . 27

Action parallèle de la loi contraire. — Premières associations. — La paix intérieure est fondée sur la morale altruiste. — Jésus n'a pas condamné toute guerre et toute violence 32

L'égoïsme règle seul les rapports entre les nations. — La paix entre les nations n'est pas fondée sur la morale. — Elle n'est qu'une trêve entre les guerres. — Elle conduit à la guerre 36

Les horreurs de la guerre sont inhérentes à la nature humaine. — La guerre entre les nations se transforme, mais reste la loi de leur développement. — Sa disparition entraînerait, actuellement, le retour à la barbarie 40

La guerre et la paix sont dépendantes l'une de l'autre. — La guerre ne disparaîtra qu'après avoir établi l'unité des races humaines. 44

CHAPITRE III

LA PATRIE

Le culte des ancêtres et du foyer paternel. — La famille antique. — L'idée de patrie se confondit, au début, avec l'idée religieuse. 47

La cité romaine. — Conception municipale de l'idée de patrie. — Le christianisme et l'invasion des barbares. 51

Fondement historique de la patrie française. — Les Gaulois. — L'invasion romaine. — Vercingétorix.

— Les invasions des Francs. — Clovis. — Charlemagne. 54

Commencements de la patrie territoriale actuelle. — Les seigneurs et les patrimoines féodaux. — La patrie provinciale. 58

La guerre de Cent ans. — Du Guesclin. — Jeanne d'Arc. — Progrès de l'unité nationale que réalise la royauté. — Le Roi devient l'incarnation de la patrie. 62

La patrie moderne. — Le triomphe exclusif des principes égalitaires aboutirait à la suppression de la patrie. — Équilibre nécessaire de l'autorité et de la liberté 67

La patrie actuelle. — Le drapeau national. — La frontière. 72

CHAPITRE IV

L'ARMÉE

Le culte de la patrie est la forme moderne de la religion naturelle. — Le soldat est le prêtre de la patrie. — L'armée est l'image de la patrie. . . . 77

L'armée de la cité romaine. — L'armée du Moyen Age. — L'homme d'armes incarne la terre. — — Rudes combats du chevalier. — Influence de la chevalerie. 81

L'armée de l'ancien régime. — Courtoisie des officiers et raffinement des mœurs militaires. — L'armée de la Révolution. — Le combat moderne . . 86

L'armée moderne et la démocratie. — L'armée comprend deux parties distinctes. — La nation armée. 92

L'armée est le lien national, l'éducatrice de la démocratie, la gardienne des lois. — Elle est indépendante des partis politiques. — Nécessité des vertus militaires 95

CHAPITRE V

VALEURS MILITAIRES

	Pages.
Résumé. — Le service militaire. — Loyalisme.	101
L'honneur. — Le courage. — L'autorité. — Les vertus de l'énergie. — La gloire des héros	105
Les devoirs du sacrifice. — La dignité. — L'obéissance passive et la responsabilité.	112
La résignation. — L'abnégation. — Le sacrifice de la vie.	117
Conclusion. — La mort du soldat. — L'immortalité.	122

NANCY-PARIS, IMPRIMERIE BERGER-LEVRAULT

LIBRAIRIE MILITAIRE BERGER-LEVRAULT
PARIS, 5-7, RUE DES BEAUX-ARTS — RUE DES GLACIS, 18, NANCY

Préceptes et Jugements de Napoléon, recueillis et classés par le lieutenant-colonel Ernest PICARD. 1912. Un volume grand in-8 de 580 pages, broché . . . . **10 fr**

Napoléon en campagne, par le lieutenant-colonel VACHÉE. 1913. Un volume grand in-8 de 224 pages, avec 3 cartes de l'époque impériale et un croquis, broché. . . . . **4 fr.**

Essai sur la Doctrine stratégique allemande, d'après « La Bataille de Cannes » par le feld-maréchal de Schlieffen, par le capitaine breveté d'état-major M. DAILLE. Préface du général E. RUFFEY, membre du Conseil supérieur de la guerre. 1914. 1 volume grand in-8, avec 6 croquis, broché . . . . . **2 fr**

L'Anabase de Xénophon ou la Retraite des Dix-Mille, avec un Commentaire historique et militaire, par le colonel Arthur BOUCHER. 1913. Un volume in-4 de 406 pages, avec 48 cartes, plans et croquis, broché. . . **25 fr**

Les Forces morales. Deux conférences faites à l'École d'instruction des officiers de réserve et de l'armée territoriale de la 20ᵉ région, par le lieutenant-colonel D'ANDRÉ. 1914. Brochure in-8 de 47 pages. . . . . **1 fr**

Les Forces morales pour la guerre. Lettres à un jeune officier, par le général BERNARD, commandant supérieur de la défense et de la place de Lyon. 1908. Grand in-8 broché. . . . . **1 fr. 50**

Le Devoir militaire, par le lieutenant L. LASSENCE. 1914. 1 volume in-8 étroit de 86 pages, broché. . . . . **2 fr. 50**

L'Art de commander. Principes du commandement, à l'usage des officiers de tout grade, par le capitaine André GAVET. (Couronné par l'Académie Française.) 3ᵉ édition. 1912. Un volume in-12 de 257 pages, broché. . . . . . . **2 fr. 50**

L'Éducation dans l'armée d'une démocratie, par le capitaine LEBAUD. 1908. Un volume in-12 de 206 pages, broché . . . . **2 fr. 50**

L'Ame du soldat. Essai de psychologie militaire pratique, par le capitaine VAILLANT, du 74ᵉ régiment d'infanterie. (Ouvrage honoré d'une citation de l'Académie des Sciences morales et politiques.) 2ᵉ tirage. 1911. Grand in-8 de 72 pages, broché. . . . . **1 fr. 25**

Opinions allemandes sur la Guerre moderne, d'après les principaux écrivains militaires allemands (VON BERNHARDI, VON DER GOLTZ, VON SCHLIEFFEN, BALCK, etc.).

— 1ᵉʳ FASCICULE : **Les Bases de l'Art de la Guerre. Armement et Technique modernes**. 1912. Un volume grand in-8 de 94 pages, br. **1 fr**

— 2ᵉ FASCICULE : **Méthodes de commandement. Mécanisme des marches. L'Offensive et la Défensive**. 1912. Un volume grand in-8 de 94 pages, broché. . . . . **1 fr**

— 3ᵉ FASCICULE : **Principes fondamentaux de la Stratégie et de la Tactique. Conduite des opérations. Opérations sur mer**. 1912. Un volume grand in-8 de 100 pages, broché. . . . . **1 fr**

www.ingramcontent.com/pod-product-compliance
Lightning Source LLC
Chambersburg PA
CBHW060142100426
42744CB00007B/861